新　視　野
中華經典文庫

新 視 野
中華經典文庫

孫子兵法

名譽主編 饒宗頤

導讀及譯注 王宏林

中華書局

新視野中華經典文庫

孫子兵法

□
導讀 / 譯注
王宏林

□
出版
中華書局（香港）有限公司
香港北角英皇道 499 號北角工業大廈一樓 B
電話：(852) 2137 2338　傳真：(852) 2713 8202
電子郵件：info@chunghwabook.com.hk
網址：http://www.chunghwabook.com.hk

□
發行
香港聯合書刊物流有限公司
香港新界大埔汀麗路 36 號
中華商務印刷大廈 3 字樓
電話：(852) 2150 2100　傳真：(852) 2407 3062
電子郵件：info@suplogistics.com.hk

□
印刷
深圳中華商務安全印務股份有限公司
深圳市龍崗區平湖鎮萬福工業區

□
版次
2012 年 7 月初版
2022 年 4 月第 6 次印刷

□
規格
大 32 開 (205 mm × 143 mm)

□
ISBN：978-988-8148-57-8

出版說明

為甚麼要閱讀經典？道理其實很簡單——經典正正是人類智慧的源泉、心靈的故鄉。也正是因此，在社會快速發展、急劇轉型，因而也容易令人躁動不安的年代，人們也就更需要接近經典、閱讀經典、品味經典。

邁入二十一世紀，隨着中國在世界上的地位不斷提高，影響不斷擴大，國際社會也越來越關注中國，並希望更多地了解中國、了解中國文化。另外，受全球化浪潮的衝擊，各國、各地區、各民族之間文化的交流、碰撞、融和，也都會空前地引人注目，這其中，中國文化無疑扮演着十分重要的角色。相應地，對於中國經典的閱讀自然也就有不斷擴大的潛在市場，值得重視及開發。

於是也就有了這套立足港臺、面向海外的「新視野中華經典文庫」的編寫與出版。希望通過本文庫的出版，繼續搭建古代經典與現代生活的橋樑，引領讀者摩挲經典，感受經典的魅力，進而提升自身品位，塑造美好人生。

本文庫收錄中國歷代經典名著近六十種，涵蓋哲學、文學、歷史、醫學、宗教等各個領域。編寫原則大致如下：

（一）精選原則。所選著作一定是相關領域最有影響、最具代表性、最值得閱讀的經典作品，包括中國第一部哲學元典、被尊為「群經之首」的《周易》，儒家代表作《論語》、《孟子》，道家代表作《老子》、《莊子》，最早、最有代表性的兵書《孫子兵法》，最早、最系統完整的醫學典籍《黃帝內經》，大乘佛教和禪宗最重要的經典《金剛經、心經、壇經》，中國第一部詩歌總集《詩經》，第一部紀傳體通史《史記》，第一部編年體通史《資治通鑒》，中國最古老的地理學著作《山海經》，中國古代最著名的遊記《徐霞客遊記》，等等，每一部都是了解中國思想文化不可不知、不可不讀的經典名著。而對於篇幅較大、內容較多的作品，則會精選其中最值得閱讀的篇章。使每一本都能保持適中的篇幅、適中的定價，讓普羅大眾都能買得起、讀得起。

（二）尤重導讀的功能。導讀包括對每一部經典的總體導讀、對所選篇章的分篇（節）導讀，以及對名段、金句的賞析與點評。導讀除介紹相關作品的作者、主要內容等基本情況外，尤強調取用廣闊的「新視野」，將這些經典放在全球範圍內、結合當下社會生活，深入挖掘其內容與思想的普世價值，及對現代社會、現實生活的深刻啟示與借鑒意義。通過這些富有新意的解讀與賞析，真正拉近古代經典與當代社會和當下生活的距離。

（三）通俗易讀的原則。簡明的注釋，直白的譯文，加上深入淺出的導讀與賞析，希望幫助更多的普通讀者讀懂經典，讀懂古人的思想，並能引發更多的思考，獲取更多的知識及更多的生活啟示。

（四）方便實用的原則。關注當下、貼近現實的導讀與賞析，相信有助於讀者「古為今用」、自我提升；卷尾附錄「名句索引」，更有助讀者檢索、重溫及隨時引用。

（五）立體互動，無限延伸。配合文庫的出版，開設專題網站，增加朗讀功能，將文庫進一步延展為有聲讀物，同時增強讀者、作者、出版者之間不受時空限制的自由隨性的交流互動，在使經典閱讀更具立體感、時代感之餘，亦能通過讀編互動，推動經典閱讀的深化與提升。

這些原則可以說都是從讀者的角度考慮並努力貫徹的，希望這一良苦用心最終亦能夠得到讀者的認可、進而達致經典普及的目的。

「弘揚中華文化」是中華書局的創局宗旨，二〇一二年又正值創局一百週年，「承百年基業，傳中華文明」，本局理當更加有所作為。本文庫的出版，既是對百年華誕的紀念與獻禮，也是在弘揚華夏文明之路上「傳承與開創」的標誌之一。

需要特別提到的是，國學大師饒宗頤先生慨然應允擔任本套文庫的名譽主編，除表明先生對本局出版工作的一貫支持外，更顯示先生對倡導經典閱讀、關心文化傳承的一片至誠。在此，我們要向饒公表示由衷的敬佩及誠摯的感謝。

倡導經典閱讀，普及經典文化，永遠都有做不完的工作。期待本文庫的出版，能夠帶給讀者不一樣的感覺。

中華書局編輯部

二〇一二年六月

目錄

《孫子兵法》導讀 ○○一

上卷

計篇 ○一三
作戰篇 ○二六
謀攻篇 ○三六
形篇 ○四八

中卷

勢篇 ○六一
虛實篇 ○七三

軍爭篇 〇八七
九變篇 一〇二
行軍篇 一一一

下卷

地形篇 一三一
九地篇 一四三
火攻篇 一六六
用間篇 一七四

附錄

史記·孫子本傳 一八六
參考文獻 一九一
名句索引 一九三

《孫子兵法》導讀

王宏林

孫子生平

孫子名武，字長卿，與老子、孔子、莊子一樣，也是先秦諸子中的一位思想巨人。雖然歷史長河的積沙使這些偉大思想家的面目日漸模糊，但他們著作的巨大光輝卻隨着時光的流逝而愈加耀目。

記載孫子事跡的比較可信的史書有《史記》，提及孫子曾以兵法見吳王闔閭。《吳越春秋》也記載此事，並指出這一年是闔閭三年，即公元前五一二年，這是史書中明確記載孫子生平的惟一直接可靠年代。楊善群先生在《孫子評傳》中，以此年為依據並結合《左傳·昭公十九年（前五二三）》記載孫武祖父孫書伐莒之事，推斷孫武生年是齊景公十三年（前五三五）。此年老子約三十七歲（前五七一—？），孔子約十七歲（前五五一—前四七九），如果因緣巧合，這三位思想巨人應該可以晤面，不過《史記》只記載孔子曾向老子問禮，並沒有孫子見老子或孔子的記載。

孫子出生在齊國，這是姜太公和管仲的故鄉，也是一片孕育軍事家的沃土。姜太公助武王伐紂

孫子像

成功，被公認為兵家之祖。管仲也是一位精通軍事的政治家，在他的領導下，齊國成為春秋時期的霸主，長期統帥諸侯，可以想像這種濃厚的軍事氛圍對孫子也會產生巨大的影響。不過，孫子能夠成長為偉大的軍事家，最重要的原因在於他的家世。畢竟在先秦時代，家學是個人教育的主要來源。

孫子的遠祖為陳國公子完，因避陳亂出奔到齊，之後改姓田。曾祖父田無宇曾參與攻打萊國的戰鬥，經歷了多次的戰爭洗禮。祖父田書頗有謀略，曾指揮並攻佔莒國，因戰功被齊景公賜姓孫。父親孫憑位列卿大夫。在戰爭中成長壯大的家族一定會更加重視戰爭，這可能正是孫憑為兒子起名叫「武」的重要原因。

孫子出生於春秋末年，此時中原各國的軍政大權多數被有實力的卿大夫所把持。晉國出現了韓、魏、趙、智、范、中行這六大宗族控制朝政的六卿專政，魯國出現了由季孫、孟孫、叔孫來掌握政權的局面，齊國情況也好不到哪裏去，高、國、陳、鮑四大宗族相互排擊，明爭暗鬥。孫子雖然屬於陳氏後裔，不過他十分反感這種傾軋鬥爭。而南方的吳國自壽夢稱王以來，國勢蒸蒸日上。大約在齊景公三十一年（前五一七）左右，十八歲的孫武就離開先祖的封地，來到吳國施展鴻圖。到吳國後，在伍子胥的引薦下，孫子帶着兵法見到吳王闔閭，並以宮女試兵，最終贏得闔閭的好感，被任命為將軍，與伍子胥並肩作戰。

從吳王闔閭四年（前五一一）任命孫子、伍子胥為將攻打楚國開始，直至吳王夫差十三年（前四八三）

伍子胥被迫自殺，二十八年間吳國先後向楚國、越國展開了大規模的攻擊，逼迫楚昭王逃入雲夢澤、吳王勾踐屈辱求和。此後，吳軍一度北上與齊、晉等大國爭霸，軍事實力達到頂峰。由於夫差一心想稱霸諸侯，堅持對齊用兵。伍子胥於是稱病拒絕攻打齊國，在太宰嚭的讒譭下，夫差最後賜伍子胥自盡，伍子胥去世之後，孫武也突然從史籍中消失了，《越絕書》、《吳越春秋》和《史記》等史書都沒有孫武此後的活動記載。有人認為他一生殺戮太重，最終像伍子胥那樣被吳王所殺。但多數人認為他退隱後不久即去世，卒年約在公元前四八〇年左右，終年五十五歲。以孫武的智能，我們不相信他會重蹈伍子胥的悲劇。《越絕書》記載道：「巫門外大塚，吳王客、齊孫武塚也，去縣十里。善為兵法。」這座墓在清代仍有詩人憑弔，人們大都認為孫武晚年並沒有離開他的第二故鄉——吳國。

《孫子兵法》的基本內容

孫子以《孫子兵法》而著稱。按《史記》所載，這部兵法有十三篇。但東漢班固在《漢書・藝文志》「兵權謀家」中著錄道：「《吳孫子兵法》八十二篇。」竟然多出了六十九篇。又著錄道：「《齊孫子兵法》八十九篇。」可見在東漢時期，有兩部「孫子兵法」。結合相關史料可知，吳孫子就是孫武，齊孫子則是孫武的後代孫臏，這兩部兵法和兩位「孫子」的區別相當明顯。三國時期曹操為《孫子兵法》作注，明確說：「孫子者，齊人也，名武，為吳王闔閭作兵法十三篇。」所以他只給那十三篇作注，完全捨棄了後來多出的六十九篇，這六十九篇與孫臏所作的《齊孫子兵法》八十九篇在唐代以後就亡佚了。由於名稱的相近和《齊孫子兵法》的亡佚，導致後人對孫武和《孫子兵法》也產生了種種猜測。

南宋葉適和清代全祖望等著名學者認為春秋時期沒有孫武此人，理由是《左傳》、《國語》這些記載春秋大事的著作沒有一個字涉及「孫武」，可見這是後代杜撰的一個人物。近代梁啟超等學者認為春秋時期有孫武這個人，但兵法卻是戰國人假託孫武之名而著，理由是《孫子兵法》所談到的戰爭規模多達十萬人，這是戰國時期才達到的規模。錢穆則推測孫武和孫臏其實是一人，理由是「臏」是一種刑罰，誰會以「臏」為名呢？所以，「臏」只能是孫子的綽號，孫臏就是孫子。幸運的是，隨着一九七二年山東臨沂銀雀山漢墓竹簡的出土，種種猜測和謎團逐漸得到澄清。這批竹簡將近五千枚，包括《孫子兵法》、《孫臏兵法》、《管子》、《尉繚子》等眾多先秦著作。《孫子兵法》有三百多枚，十三篇文字均有保存，竹簡上的篇名與今天我們看到的傳本大致相同。《孫臏兵法》有四百多枚，都是唐代以後所失傳的內容。這批漢簡證明了兩個事實：一、孫武和孫臏是兩個人，他們分別創作了不同的兵法著作。二、今天流傳的《孫子兵法》十三篇的作者是孫武，《漢書》所載多出的六十九篇是戰國到秦漢的兵家對這部書的解釋補充。

《孫子兵法》約六千一百字，篇幅雖然短小，但內容博大精深，與言簡意賅的《老子》十分類似，均為古老而又早熟的中華文明的代表典籍。這部著作可分為三部分：一是宏觀戰略認識體系，大體包括《計篇》、《作戰篇》、《謀攻篇》、《形篇》、《勢篇》和《虛實篇》等前六篇。主要論述戰爭的致勝因素、戰爭的準備、計劃的制訂、戰役的組織、後勤的保障，強調以謀略勝敵，最理想的境界是「不戰而屈人之兵」。二是第七篇《軍爭篇》，主要論述將領臨場指揮時應遵循的作戰方針，核心思想是營造有利條件，克敵制勝。三是微觀戰術認識體系，大體包括《九變篇》、《行軍篇》、《地形篇》、《九地篇》、《火攻篇》和《用間篇》等後六篇。主要論述了要靈活處置問題、正確判斷敵情、各種地形和地域的作戰方法、火攻和間諜的特殊戰法等，核心思想是知己知彼，因地制宜。各篇自成一體，又密切聯繫，構成了一個完整的兵學體系。

《孫子兵法》一直被歷代名將所珍視，哺育出孫臏、韓信、曹操、諸葛亮等眾多軍事家。北宋時被列為《武經七書》之首，成為官方欽定的武學聖典。歷代研究者對這部兵法傾注了極大的熱情，僅傳世的研究著作就有兩百多部。他們根據不同時代的戰爭特點對這部兵法不斷進行充實，並以此書為基礎建構了龐大而又深厚的中國軍事理論體系。

《孫子兵法》的現代意義與普世價值

戰爭是一種對抗性極強的競爭行為，就「對抗」這個本質而言，人們所處的各個領域無不充滿戰爭。《孫子兵法》正是一部研究戰爭規律的著作，它對戰爭重大問題的闡發完全排斥了遠古時期的神怪迷信之談，它所揭示的克敵制勝的規律具有永恆的價值和相當普遍的哲學意義。因此，人們對《孫子兵法》的應用早已不限於軍事領域，而是拓展到管理學、決策學、醫學、行為學、運籌學、體育競技等諸多領域，並取得了豐碩成果。

《孫子兵法》中最可貴的是整體思維方式。孫子指出戰爭是關係國家民族生死存亡的大事，勝負取決於政治、經濟、地形、人力等多種因素，領導者對這些因素要做全面、客觀的衡量之後才能決定是否開戰。《孫子兵法》這種客觀全面認識世界的方法非常值得借鑒，它啟發我們在觀察事物時，不可拘泥於事物本身，而是要從整個系統中綜合考察事物，透過表面現象來認清事物的本質特點。

孫子還指出要用發展的觀點看問題。他認為任何事物都不是一成不變的，要根據情況的變化而採取相應的對策。孫子總結出一系列飽含人生智慧的命題，如以迂為直、以患為利、後發制人、奇正相生、以實擊虛、亂生於治、怯生於勇、弱生於強、寬嚴適度等，啟發我們在解決問題時要善於抓住時機，使事物向有利的一面轉化。

孫子非常重視人的主觀能動性。任何成功都離不開一定的客觀物質條件，但這並不意味着我們要坐享其成。孫子指出，用兵者要根據不同情況採取相應的措施，才能獲得最大的戰爭效益。孫子說「致人而不致於人」、「不可勝在己，可勝在敵」、「無恃其不來，恃吾有以待也」，都是強調立足自身的實力和充分的準備使自己處於不敗之地。

由於戰爭來不得半點虛假，需要更加周密的計劃和切實的行動才能戰勝敵人，因此，與《老子》、《論語》等著作相比，《孫子兵法》這部書更重視解決實際問題，具有注重實用和兼容博取兩大特點。直至今日，有識之士仍然熱衷於從中汲取人生的智慧。

近年來，《孫子兵法》越來越廣泛地被運用到現代企業管理上來，出現了眾多相關的著作。儘管這些著作中有不少帶有機械套用、牽強附會的缺點，但管理企業確實與指揮戰爭有很多相同之處。管理者與員工很像主帥與士兵，企業之間的競爭很像敵我雙方你死我活的交戰，刺探對方的動向和行情很像軍事上的使用間諜，同樣，那些在戰場上行之有效的用兵原則自然也適用於商場。

成功的企業家其實就是一位高明的將帥。他具有高超的智能，能夠準確判斷市場和對手的情況；他具有可靠的信用，能贏得內部員工和外界消費者的依賴；他具有博大仁愛之心，關心下屬並熱衷於公益事業；他具有勇敢的決斷精神，面臨創新可能導致的風險時沒有絲毫的猶豫；他還很嚴格，對企業各項制度均能堅決貫徹執行。

在面臨市場競爭時，企業的經營策略往往與《孫子兵法》所說的戰備原則相吻合。比如作戰需要營造兵臨城下之勢，「不戰而屈敵之兵」。商場也需要造勢，以強大的競爭力去佔領市場。戰爭的決策者只有「知己知彼」，方可「百戰不殆」。而商戰中，決策者同樣需要全面搜集市場和對手的情況，再進行細緻的整理和分析，才能形成科學的決策。

在處理上下級關係時，《孫子兵法》的諸多論斷也能給我們很多啟示。「上下同欲者勝」是重視上下級的團結；「視卒如愛子」是重視對下屬的關心；「將在外，君命有所不受」則是對領導者決斷能力的尊重。可以看出，《孫子兵法》的諸多觀念與現代管理理念在精神上是完全相通的。許多企業家正是從《孫子兵法》汲取了有效的企業經營技巧，使自己的事業得以興旺發達。

除了企業管理上的廣泛運用，《孫子兵法》對人生的指導意義也越來越受到關注。人類論矯健不如蒼鷹，論迅疾不如獵豹，論勇猛不如雄獅，但為甚麼能夠成為地球的主宰，宇宙的精靈？答案就是人善於汲取前人的智慧。人生是短暫的，生命是有限的，一旦我們能夠穿越時空去感知遠古哲人對人生哲理、生命價值和處世之道的思考時，我們有限而短暫的生命就會變得豐富、深刻、厚重。

尤其是先秦時期，是中國歷史上思想最為活躍的黃金時代，許多偉大的思想家無一例外都在對人生進行思考。如果說人生是一場戰鬥，孔子和孟子所代表的儒家關注的是戰鬥的過程，只要盡心盡力去實現理想目標，即使失敗也不必遺憾；老子和莊子所代表的道家則認為戰鬥是沒有意義的，人生本不該設置理想目標；孫子所代表的兵家則最看重戰鬥的結果，積極探索並總結出一系列制勝之道。孫子認為，把握事物要具有統觀全局的視野，能夠綜合分析各種因素的利弊，還要抓住問題的關鍵，認清事物的真相，從而始終處於主動的地位。孫子相信每個人都具有極大的潛力，即使是面臨困難或處於劣勢時，也可以通過合適的措施化解危機。所以，孫子的人生態度是積極向上的，書中那些豐富的制勝韜略均為成功的經驗之談，被歷代有志於謀求致勝之道的人們所尊奉。

總之，人生如戰場，競爭無處不在。面對紛亂而嚴酷的現實環境，《孫子兵法》啟發我們應該擁有怎樣的人生態度和精神狀態，怎樣認識社會現實，最終應該怎樣採取行動。《孫子兵法》的許多論述已經融入到我們的日常生活之中，深深影響着一代代中國人的思想和行動。「知己知彼，百戰不殆」、「兵貴神速」、「置之死地而後生」、「窮寇勿追」、「不戰而屈人之兵」、「避實而擊虛」等經典論述已經超出了戰爭的範圍，被眾多有識之士確立為自己的人生準則。

戰爭也許會遠離人類，但戰火淬煉出來的這部瑰寶卻具有永恆的價值。

上卷

計篇

本篇導讀——

《計篇》是《孫子兵法》的首篇，主要論述了戰爭的謀劃。

本篇內容可分為四部分：首先講戰爭的重要性。孫子認為戰爭關係到人民的生死和國家的存亡，不能不對它仔細研究。這種重戰的思想與春秋亂世這個大背景有密切關係，但與儒家和道家反對戰爭不同，孫子所代表的兵家主張重視戰爭、研究戰爭，努力贏得戰爭。其次講如何準確預知戰爭的勝負。孫子主張從「五事」和「七情」這些具體因素來衡量敵我雙方的力量。這些因素涉及政治經濟、天時地利、作戰人員、法律制度等各個方面。孫子還把人心向背放在決定勝負的首位，許多看法非常精彩。第三論勝負因素不是一成不變的。孫子認為，敵我雙方的優劣會不斷變化，統帥要善於利用「詭道」，把不利因素轉化為有利因素，從而使我方處於優勢地位，牢牢掌握戰爭的主動權。最後談到將領要善於抓住時機，周密部署，把理論上的優勢最終轉化為現實的勝利。

本篇最富有啟發性的內容是，作為將領應當具備戰略眼光，善於迷惑對手並把握作戰時機。

孫子曰[1]：兵者，國之大事[2]，死生之地[3]，存亡之道，不可不察也。

注釋

1 子：古代對男子的尊稱或美稱。

2 **國之大事**：春秋時期，祭祀和戰爭是國家的兩項重大事務。

3 **死生之地**：生地是安全之地，死地是死亡之地。

譯文

孫子說：戰爭是國家的大事，關係着人民的生死和國家的存亡，不能不對它仔細研究。

賞析與點評

人類歷史上曾經發生過多次先進文明被野蠻勢力摧毀的悲劇，原因就是戰爭具有特殊的規律。只有重視戰爭，研究戰爭，洞悉戰爭的規律，才能贏得戰爭的勝利。

1.2

故經之以五事[1]，校之以計[2]，而索其情[3]。一曰道，二曰天，三曰地，四曰將，五曰法。道者，令民與上同意也，故可以與之死，可以與之生，而不畏危也。天者，陰陽、寒暑、時制也[4]。地者，遠近、險易、廣狹、死生也。將者，智、信、仁、勇、嚴也。法

者，曲制[5]、官道[6]、主用也[7]。凡此五者，將莫不聞，知之者勝，不知者不勝。

注釋

1 **經**：籌劃、研究。**五事**：指下文所言道、天、地、將、法等決定勝負的五個因素。

2 **校**：比較。**計**：總計、總量，指下文所言君主、統帥等七種情況。

3 **索**：探求。**情**：情況，指雙方勝負的形勢。

4 **時制**：時令、季節。

5 **曲制**：軍隊組織、旗幟鑼鼓等制度。

6 **官道**：將校官吏等職責的規定。

7 **主用**：主管軍費、錢糧、器械等與後勤相關的軍用制度。

譯文

因此，可以通過敵我雙方五個基本因素的考察，再比較各種條件的不同情況，從而探求戰爭勝負的形勢。這五個基本因素是道、天、地、將和法。道指國家的政治形勢，就是民眾是否與君主同心同德，是否甘心與君主同生共死而不畏懼任何危難；天指天

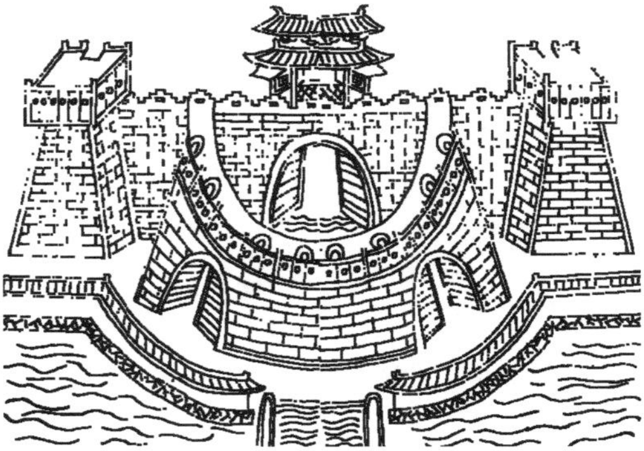

古代城制圖

時，就是晝夜陰晴、四季變遷；地指地形，包括高低遠近、廣闊狹窄或對於攻守的利弊；將是將帥，是否具備智謀、誠信、仁愛、勇敢和威嚴；法是法制，包括軍隊的編制、上下級關係、後勤保障制度是否完備明確。這五個基本因素是勝負的關鍵，將帥們沒有不知道的。只有洞曉其中的變化規律才能取勝，否則必然失敗。

賞析與點評

這是孫子對戰爭勝負要素的論述，認為勝負取決於政治、氣候、地形、將帥、制度五個因素。提醒我們在規劃事業時，確立目標要多從國家、民族和道義的角度加以考慮，這樣才能有遠大的發展前景。實施過程中，要順應宏觀政治經濟環境和各地風俗民情，阻力就會降到最小。

故校之以計，而索其情。曰：主孰有道[1]？將孰有能[2]？天地孰得？法令孰行？兵眾孰強？士卒孰練[3]？賞罰孰明？吾以此知勝負矣。

注釋

1 主：君主。

2 能：才能。

3 練：精壯，幹練。

譯文

因此，要通過對雙方各種情況的比較，從而判定戰爭勝負的形勢。這些情況是：哪一方的君主更加賢明？哪一方的統帥更有才華？哪一方佔有天時地利？哪一方的法令能夠貫徹？哪一方的軍隊更加強大？哪一方的士兵訓練有素？哪一方做到賞罰分明？根據這七種情況，我們就可以明確判斷誰勝誰負了。

賞析與點評

勝利是多種條件綜合作用的結果，只有準確判斷雙方的優劣，才能制定合理的行動計劃。發現自己的不足而及時彌補，洞悉對方的缺陷而加以利用，自然就易於在競爭中處於有利地位了。

‖1.4

將聽吾計[1]，用之必勝，留之；將不聽吾計，用之必敗，去之[2]。計利以聽[3]，乃為之勢，以佐其外[4]。勢者，因利而制權也[5]。

注釋

1 將：如果。一說，將軍，謂將軍如果聽從我的計謀，任命他就會取得勝利，亦通。

2 去：離開。

3 計：計劃、估計。利：利害得失。

4 外：境外。古代軍事行動多在境外，這裏指軍事行動。

5 制：制定。權：原指秤錘，引申為衡量。

譯文

如果聽從我的計謀，一定會取得勝利，我就留下來輔佐您；如果不聽從我的計謀，必定失敗，我就離開這裏。先為君主詳細分析利害關係，使正確的意見被採納。再設法造就有利的態勢，作為軍事活動的輔助條件。所謂勢，就是權衡利弊，再憑藉有利的條件而靈活採取行動。

賞析與點評

根據情況的變化及時調整戰略部署，時時掌握主動權。

兵者，詭道也[1]。故能而示之不能[2]，用而示之不用，近而示之遠，遠而示之近。利而誘之[3]，亂而取之，實而備之[4]，強而避之，怒而撓之[5]，卑而驕之，佚而勞之[6]，親而離之[7]。

注釋

1 詭道：詭詐之術，指用計謀來迷惑敵方。

2 示之：通過偽裝給敵人造成一種假象。示，顯現、表示。之，指敵方。

3 利：利益，這裏指敵方貪圖財物。

4 實：堅實，這裏指敵方實力雄厚。

5 怒：氣勢強盛。撓（náo）：削弱。

6 佚：安逸、安樂。勞：煩勞。

7 親：和睦。離：離間。

譯文

用兵打仗最講究詭詐之術。因此，有能力打卻故意裝成不能打；明明要打卻故意裝成不要打；要進攻近處卻故意裝成進攻遠處，而進攻遠處又故意裝成進攻近處。敵人貪利，就用利益來引誘他；敵人混亂，就乘機攻取他；敵人堅實，就加強防備；敵人強大，就避其鋒芒；敵人奮進，就要折損他的鋭氣；敵人謙卑，就使他驕傲；敵人安逸，就使他疲勞；敵人和睦，就設法離間他們。

賞析與點評

戰爭的本質是一種暴力行為，這種特殊性決定了用兵者不能排斥詭詐手段。詭詐的真諦在於隱蔽自己的企圖，它和欺騙類似但又不同。與朋友交往貴在坦誠，講究信用；與敵人作戰貴在保密，講究詭詐。

攻其無備，出其不意。此兵家之勝，不可先傳也[1]。

注釋

1 先傳：事先描述、言說。

譯文

攻擊敵人沒有防備的地方，選擇敵人意料不到的時機，這是戰爭取勝的關鍵，只是很難事先做好規劃。

賞析與點評

啟發我們要時刻保持清醒的頭腦和戒備的心態，經常從敵人角度來思考問題，尋找自己的漏洞並及時彌補，不給敵方可乘之機。

夫未戰而廟算勝者[1]，得算多也[2]；未戰而廟算不勝者，得算少也。多算勝，少算不勝，而況於無算乎！吾以此觀之，勝負見矣。

注釋

1 廟算：指在朝廷之上對戰事進行的謀劃。廟，廟堂、朝廷。

2 得算：計算周到。這裏指具備勝利的條件。

譯文

開戰之前即預計可以取勝，是因為勝利的條件充分；未開戰即預計不能取勝，則是勝利的條件不充分。條件充分就能勝利，條件不充分只會失敗，何況不作籌劃，毫無取勝的條件呢？我根據這些來觀察，勝負的結果是顯而易見的。

賞析與點評

戰前的謀劃是致勝的前提，凡事預則立，不預則廢，決不可打無把握之仗。

作戰篇

本篇導讀——

《作戰篇》主要論述戰爭開始前應制定作戰方針，「作」是開始、興起的意思。

本篇內容可以分三層：一是戰爭需要消耗大量的物資，沒有雄厚的物質基礎和及時的後勤供應，就很難取得戰爭的勝利。因此，孫子認為，要對戰爭加以精心籌劃，要充分認識到戰爭的不利後果。二是主張速戰速決。由於持久戰會消耗巨大的財力，孫子提出「兵貴勝，不貴久」，主張用最小的消耗取得最大的戰果。三是要充分利用敵國資源，在戰勝敵人的同時加強自身的實力。與此相關，要重視調動士兵的積極性，通過獎勵措施鼓勵他們奪取敵人的物資。

本篇的核心主張是，要用最小的消耗取得最大的戰果，要最大限度地調動下屬的積極性，要在取勝的同時使自己變得更加強大。我們從本篇可以領會到，優秀的統帥總是能夠兼顧速度、成本和效率的關係，從而獲得最大的效益。

孫子曰：凡用兵之法，馳車千駟[1]，革車千乘[2]，帶甲十萬[3]，千里饋糧[4]。則內外之費[5]，賓客之用[6]，膠漆之材，車甲之奉[7]，日費千金，然後十萬之師舉矣。

注釋

1 馳車：古代輕型戰車。駟（sì）：原稱駕一輛馳車的四匹馬，這裏作量詞，千駟即千輛。

2 革車：古代載重戰車。

3 帶甲：穿上鎧（kǎi）甲的士兵。

4 饋（kuì）糧：運送軍糧。

5 內外：指戰時的後方和前方。

6 賓客：春秋戰國時多用來指外國使者。

7 車甲之奉：車輛、盔甲的修理費用。奉，供奉。

譯文

孫子說：發動戰爭一般要動用衝鋒陷陣的戰車上千輛，裝載作戰物資的戰車上千輛，

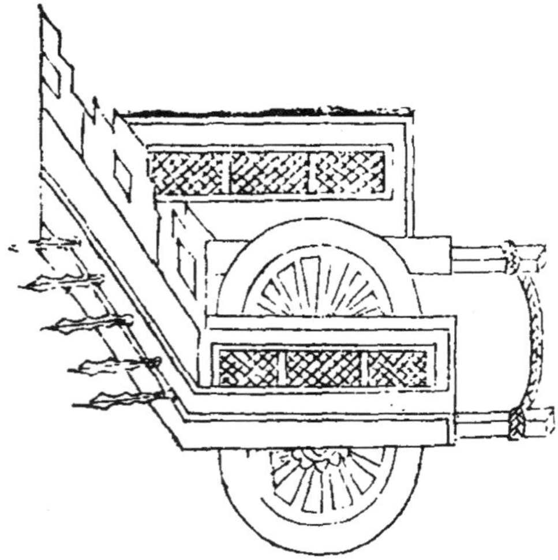

運糧車

武裝士兵十萬人，運送糧草數千里。這樣一來，前方後方的經費，招待各國使節的花費，製造和維修弓箭、戰車、盔甲等武器裝備的膠、漆、金屬等戰略物資，每天都要消耗很多資源。做到這些，才能出動十萬大軍。

其用戰也[1]，勝；久則鈍兵挫銳[2]，攻城則力屈[3]，久暴師則國用不足[4]。夫鈍兵挫銳，屈力殫貨[5]，則諸侯乘其弊而起[6]，雖有智者不能善其後矣。故兵聞拙速[7]，未睹巧之久也。夫兵久而國利者，未之有也。故不盡知用兵之害者，則不能盡知用兵之利也。

注釋

1 用戰：用兵作戰。

2 鈍兵：兵器破敗，代指疲弱的軍隊。挫銳：挫傷銳氣。

3 **力屈**（jué）：力量用盡。屈，竭盡、窮盡。

4 **暴**（pù）**師**：軍隊在外經受風雨。暴，曬。

5 **殫**（dān）**貨**：物資空乏。殫，竭盡。

6 **弊**：疲困，這裏指危機。

7 **拙速**：指用兵寧拙於機智而貴在神速。

譯文

用兵作戰一定要速戰速決，拖下去軍隊就會疲憊，銳氣受挫。攻打城池往往會使兵力大量損耗，長久用兵會使國家財力困難。一旦出現這種情況，其他諸侯國就會乘機侵犯。此時，最有智能的統帥也難以收拾這種殘局。因此，戰爭寧肯指揮笨拙也要追求速勝，不要為追求指揮巧妙而使戰爭拖延下去。國家從長期戰爭中獲得利益，這種情況從未有過。所以，對戰爭害處如果缺少全面了解，也就不可能知道戰爭的好處。

賞析與點評

只有速戰速決才能避免節外生枝和巨大的軍事消耗。高明的領導者在審時度勢之後，往往能夠迅速付諸行動，從而獲得效益的最大化。

2.3

善用兵者，役不再籍[1]，糧不三載[2]，取用於國，因糧於敵[3]，故軍食可足也。國之貧於師者遠輸，遠輸則百姓貧；近於師者貴賣[4]，貴賣則百姓財竭，財竭則急於丘役[5]。力屈財殫，中原內虛於家[6]，百姓之費，十去其七；公家之費，破車罷馬[7]，甲胄矢弩[8]，戟楯蔽櫓[9]，丘牛大車[10]，十去其六。故智將務食於敵，食敵一鍾[11]，當吾二十鍾；𦸗稈一石[12]，當吾二十石。

注釋

1 役：兵役。再：兩次。籍：徵集。

2 載：運輸。

3 因：依靠。

4 貴賣：物價暴漲。

5 丘役：指賦税、賦役。丘，古代每一百二十八家為一「丘」。役，兵役、勞役。

6 中原：指國內。

7 破車：戰車損壞。罷（pí）馬：戰馬疲憊。罷，疲憊。

8 甲冑（zhòu）：鎧甲和頭盔。矢：箭。弩（nǔ）：古代一種利用機械力量射箭的弓。

9 戟：古代一種合戈、矛為一體的兵器。楯（jùn）：盾牌。蔽櫓：大楯，古代一種防禦性的兵器。

10 丘牛：大牛。大車：指牛拉的運載輜重的車輛。

11 鍾：古代容量單位，六斛（hú）四斗為一鍾。

12 萁（qí）稈：泛指草料。萁，豆稈。稈，水稻、小麥的莖。石（dàn）：古代容量單位，十斗為一石。

譯文

善於用兵的人，不需要兩次徵集兵員，也不需要多次轉運糧草。武器裝備由國內提供，糧食飼料靠敵國補充，這樣，軍隊的給養就充足了。國家之所以因為戰爭而貧困，是因為長途運輸，長途運輸就會使百姓貧困。鄰近軍隊的地方物價一定會暴漲，物價暴漲就會使百姓財富枯竭。國家越窮就越增加賦役。就這樣，軍隊戰鬥力下降，國家財力空虛。百姓家家貧窮，財力耗去十分之七；國家的消耗也很大，車輛損壞，戰馬疲憊，包括盔甲、弓箭、戟、楯、矛、櫓各種兵器和徵來的牛車，要消耗十分之六。因此，高明的將帥一定設法通過敵國解決給養，耗費敵國一鍾糧食，相當於從國內運來二十鍾。消耗敵國一石草料，相當於國內運來二十石。

賞析與點評

充分利用敵國資源，可起到事半功倍的效果。兩點啟發：一是要善於尋求當前環境中的有利因素，並充分使用它。二是要設法削弱對手的實力，此消彼長，從而間接提升自身的競爭力。

故殺敵者，怒也[1]；取敵之利者，貨也[2]。故車戰得車十乘以上，賞其先得者，而更其旌旗。車雜而乘之[3]，卒善而養之[4]，是謂勝敵而益強。故兵貴勝，不貴久。故知兵之將，生民之司命[5]，國家安危之主也。

注釋

1 怒：氣勢強盛。
2 貨：財物，引申為獎賞。
3 車雜：把繳獲的敵方戰車混雜在我軍之中。
4 卒：士兵，這裏指俘虜。善：優待。
5 生民：人民。司命：傳説掌管人的生命的神。

譯文

要使士兵奮勇殺敵，一定要使他們群情激憤；要獲得敵人的軍需物資，就離不開財物獎勵。車戰中，繳獲敵人十輛戰車，就獎勵首先奪取戰車的士兵，並換上我軍的旗幟，編入我們的隊伍。還要優待俘虜的士兵，供養他們，這就是既戰勝了敵人又加強了自己。因此，用兵最可貴的是速勝，不可久戰不決。真正懂得用兵的將帥，掌握着民眾的生死，主宰着國家的安危。

賞析與點評

提升士氣不外乎精神和物質兩種手段，精神手段就是把自己的行動定位為正義的一方，通過調動士兵的自豪感來激勵大家英勇殺敵。物質手段也很重要，尤其在企業組建的初期，由於沒有形成特定的企業文化，職務升遷和物質獎勵就成為調動員工積極性的最有效手段。領導者要善於通過獎勵讓下屬分享勝利的成果，這樣才能使企業的發展充滿活力。

謀攻篇

本篇導讀——

《謀攻篇》主要論述如何運用謀略進攻敵人，獲得勝利。

本篇內容可分為四個層次：首先，孫子認為最高明的勝利是「不戰而屈人之兵」，即不通過武力的直接交鋒，而是運用謀略戰勝敵人，這是勝利的最高境界。其次，敵我雙方力量不同，作戰方式也要不同。我方力量處於絕對優勢時要打殲滅戰，處於劣勢時要善於防守或及時退卻。第三，孫子認為國君和將帥的密切配合是勝利的重要條件。國君要選拔才智周備的將帥作為戰爭的指揮者，國君不要隨意干涉將帥的臨場指揮，將帥在有必勝把握時可置君命於不顧。第四，孫子還提出判定勝負不能簡單地對比兵力多少，要從開戰條件、作戰心理等五個方面綜合比較，「知己知彼」，才能百戰百勝。

本篇最富於啟發性的內容有兩點：一是「不戰而屈人之兵」，這啟發我們要善於運用非武力手段，以最小的代價取得最大的戰果；二是「知彼知己，百戰不殆」，要對實際情況進行客觀分析，這是獲勝的最重要基礎。

3.1

孫子曰：夫用兵之法，全國為上[1]，破國次之[2]；全軍為上，破軍次之；全旅為上，破旅次之；全卒為上，破卒次之；全伍為上，破伍次之[3]。是故百戰百勝，非善之善者也；不戰而屈人之兵，善之善者也。

注釋

1 全國：使敵國不戰而降。

2 破：擊破、消滅。

3 軍、旅、卒、伍：均為古代軍隊編制單位，一萬二千五百人為一軍，五百人為一旅，一百人為一卒，五人為一伍。

譯文

孫子說：戰爭的原則是：不通過武力直接交鋒而使敵人舉國歸服是上策，通過武力擊破敵國就差一些；不通過武力直接交鋒而使敵人一個軍歸服是上策，通過武力就差一些；不通過武力直接交鋒而使敵人一個旅歸服是上策，通過武力就差一些；不通過武力直接交鋒而使敵人一個卒歸服是上策，通過武力就差一些；不通過武力直接交鋒而使敵人一個伍歸服是上策，通過武力就差一些。因此，百戰百勝並非是最高明的，未經交戰即使敵人屈服才是高明之中最高明的。

賞析與點評

勝利的最高境界是不戰而勝，「不戰」決不是放棄武力，而是以強大的實力或利益為後盾，迫使敵人在權衡利弊之後放棄武力對抗。孫子的論述啟發我們要不斷積聚力量，逐漸形成一種壓倒性的優勢，以實力為後盾，迫使對手不得不通過妥協的方式來實現利益的最大化。

3.2

故上兵伐謀[1]，其次伐交[2]，其次伐兵[3]，其下攻城。攻城之法，為不得已。修櫓轒轀[4]，具器械，三月而後成；距堙[5]，又三月而後已。將不勝其忿[6]，而蟻附之[7]。殺士三分之一，而城不拔者，此攻之災也。

注釋

1 上兵：最好的軍事手段。伐謀：破壞敵方施展的謀略。一說，以謀略戰勝敵人。

2 伐交：破壞敵方與其他方面的聯合。

3 伐兵：通過兩軍對戰而取勝。

4 櫓：古代兵器，大盾。轒（fén）轀（wēn）：古代用於攻城的戰車。

5 距堙（yīn）：靠近敵城所築的土丘，藉以觀察城內虛實，並可登城。

6 勝：能夠承受。忿：憤怒。

7 蟻附：像螞蟻一樣趨集緣附。

譯文

因此，最好的軍事手段就是破壞敵方施展的謀略，其次是破壞敵方與其他方面的聯合，再次是與敵兵直接交戰，下策是攻打城池。攻打城池，只有在不得已的情況才使用。製造大盾和攻城專用戰車，具備這些攻城器械，需要三個月。然後構築攻城的土山，又需要三個月。此時將帥早就按捺不住忿怒的情緒，指揮士兵像螞蟻一樣爬梯攻城。士兵傷亡多達三分之一，而城池仍然攻不下來，這就是攻城造成的災難性後果啊！

距堙圖

賞析與點評

「伐謀」、「伐交」是不戰而屈敵的重要手段。戰場並不局限於刀光劍影的前線，而是涉及政治、經濟、外交等各個方面。在處理某項事務時，要從全局的高度觀察和研究問題，注重謀略，把問題消除在萌芽狀態，尋求以最小的代價來獲得成功。

3·3

故善用兵者，屈人之兵而非戰也，拔人之城而非攻也，毀人之國而非久也。必以全爭於天下，故兵不頓而利可全[1]，此謀攻之法也[2]。

注釋

1 頓：疲勞、乏力。

2 謀攻：謀劃進攻之事。

譯文

因此，善於用兵的統帥能夠不通過直接交戰的方式使敵軍屈服，能夠不通過硬攻的方式奪取敵國的城池，能夠在短時間內攻破敵國。一定要用「全勝」的方略爭勝於天下，軍隊絲毫無損，勝利完滿取得，這就是用謀劃進攻的法則啊。

3.4

故用兵之法，十則圍之，五則攻之，倍則分之[1]，敵則能戰之[2]，少則能逃之，不若則能避之。故小敵之堅[3]，大敵之擒也。

注釋

1 倍：照原數等加。

2 敵：對等、相當。

3 小敵：弱小的軍隊。堅：固執堅守。

譯文

用兵的法則是：兵力十倍於敵人時就包圍他，兵力五倍於敵人時就進攻他，兵力兩倍於敵人時就分散他。與敵人兵力相當時，就要更加善戰；兵力少於敵人，就要善於擺脫敵人；實力弱於敵人，就要設法迴避敵人。因此，弱小的一方如果死打硬拚，只能成為強大一方的俘虜。

賞析與點評

選擇戰爭的手段取決於敵我雙方實力的對比。人生的道路也是一樣，處於低谷時，要善於保全自己。留得青山在，不怕沒柴燒，暫時退卻和委曲求全就是捲土重來的前提。

夫將者，國之輔也[1]。輔周則國必強，輔隙則國必弱[2]。故君之所以患於軍者三[3]：不知軍之不可以進而謂之進，不知軍之不可以退而謂之退，是謂縻軍[4]；不知三軍之事而同三軍之政[5]，則軍士惑矣；不知三軍之權而同三軍之任，則軍士疑矣。三軍既惑且疑，則諸侯之難至矣。是謂亂軍引勝[6]。

注釋

1 國：國君。輔：輔佐，這裏指助手。

2 輔隙：輔佐得不周全。隙，漏洞。

3 患：禍患、災難。

4 縻（mí）軍：指受牽制而不能靈活機動的軍隊。

5 同：共同參與某事。

6 亂軍引勝：擾亂自己的軍隊，使敵人取勝。

譯文

將帥是君主的助手，輔助周密國家就會強大，輔助疏漏國家就會衰弱。君主對軍隊造成危害的情況有三種：軍隊不可以出擊卻強令出擊，軍隊不可以退卻卻強令退卻，這就是束縛軍隊；不了解軍隊內部事務強行干涉，這就使將士迷惑；不洞曉用兵的千變萬化而參與軍隊的指揮，就會讓將士們懷疑。將士們既迷惑而且狐疑不定，如何能戰鬥呢？其他國家就會乘機發難，這就是自亂陣腳而喪失勝利。

3.6

故知勝有五：知可以戰與不可以戰者勝，識眾寡之用者勝，上下同欲者勝[1]，以虞待不虞者勝[2]，將能而君不御者勝[3]。此五者，知勝之道也。故曰：知彼知己也，百戰不殆[4]；不知彼而知己，一勝一負；不知彼不知己，每戰必殆。

注釋

1 欲：願望。

2 虞：準備、防範。

3 御：牽制、干預。

4 殆（dài）：危亡、危險。

譯文

在五種情況下可以預先判定勝利：明白何種條件下可以開戰或不可以開戰，就能取勝；懂得兵多或兵少的不同用法，就能取勝；全軍將士同心同德，就能取勝；做好充分準備尋找敵方的懈怠，就能取勝；主將富有才華而君主不橫加干涉，就能取勝。這五種情況就是預見勝利的方法。因此，了解對方也了解自己，每戰必勝；不了解對方而了解自己，勝負各半；既不了解對方又不了解自己，每戰必敗。

賞析與點評

優秀的軍事家往往能對敵我雙方各種致勝因素作出正確的分析對比，恰當選擇攻擊還是防守的作戰方案，從而保證立於不敗之地。

形篇

本篇導讀——

《形篇》主要論如何創造我軍力量上的優勢，從而獲得勝利。「形」的本義指形體、形象，這裏指決定戰爭勝負的物質力量。

本篇內容可分三層：一是認為統帥要善於採用「攻守之形」，力量強大時通過進攻獲勝，力量不如敵方時善於防守立於不敗。二是統帥要善於營造勝利的條件，不能靠僥倖取勝，要修明政治、健全法度，掌握主動權。三是要從土地、物產、兵員等方面判斷敵我力量的強弱，勝利主要依靠實力的優勢。

本篇的核心主張是，勝利是以實力佔優為基礎的，優秀的統帥不打無把握之仗，要努力提升自身實力，使我方處於不可戰勝的地位，然後再尋找機會戰勝敵人。

孫子曰：昔之善戰者，先為不可勝[1]，以待敵之可勝。不可勝在己，可勝在敵。故善戰者，能為不可勝，不能使敵之可勝。故曰：勝可知[2]，而不可為[3]。

注釋

1 不可勝：不可被戰勝，即立於不敗之地。

2 可知：可以預知。

3 不可為：指客觀條件如果不具備，勝利就不可強求。為，強求。

譯文

孫子說：從前擅長用兵的人，先做到自己不被別人戰勝，再等待戰勝敵人的機會。自己不被別人戰勝取決於自己，戰勝敵人卻不是自己所能決定的。因此，擅長用兵的人，能夠創造出不被別人戰勝的條件，但不能做到一定戰勝敵人。所以說，勝利可以預見，但不可強求。

賞析與點評

卓越的將領無不具有清醒的頭腦，準確判斷當前的形勢，正確選擇攻擊還是防禦的策略。不管哪種策略，首先要彌補自己的弱點，立於不敗之地。然後等待對手暴露弱點，再伺機戰勝他。

4.2

不可勝者，守也；可勝者，攻也。守則不足，攻則有餘。善守者藏於九地之下[1]，善攻者動於九天之上[2]，故能自保而全勝也。

注釋

1 九地：指各種隱秘難測的地形，這裏形容很深。

2 九天：古人認為天有九層，這裏比喻最高處。

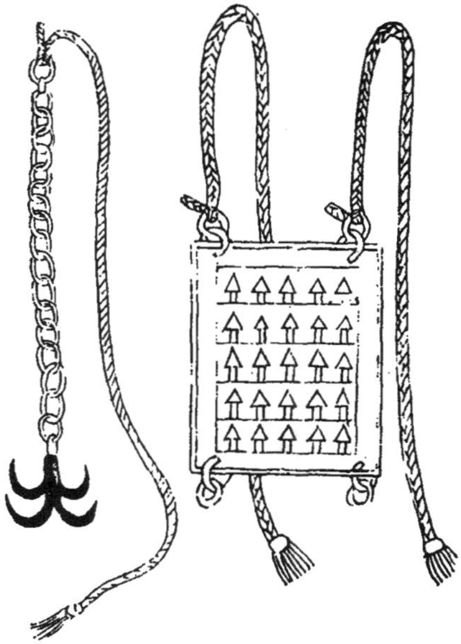

古代城防器械：狼牙拍（右）、飛鉤（左）

譯文

確保自己立於不敗之地，這就是防禦的策略；能夠戰勝敵人，這就是進攻的策略。當實力處於劣勢時採取防禦；當實力有優勢時可以進攻。高明的將帥防守時能把實力深深地隱藏起來，如龍潛九淵；進攻時能迅速調動兵力，如神龍天降。這樣，既能保全自己，又能獲得全面勝利。

賞析與點評

實力決定了進攻或防禦策略的選擇。劣勢情況下要善於韜光養晦，自我保全，不斷蘊積力量，等待局面的轉變。

見勝不過眾人之所知[1]，非善之善者也；戰勝而天下曰善[2]，非善之善者也。故舉秋毫不為多力[3]，見日月不為明目，聞雷霆不為聰耳。古之所謂善戰者，勝於易勝者也。故善戰者之勝也，無智名[4]，無勇功[5]，故其戰勝不忒[6]。不忒者，其所措勝[7]，勝已敗者也。

注釋

1 見勝：預見勝利。
2 戰勝：經戰鬥而獲勝。
3 秋毫：鳥獸在秋天新長出來的細毛，比喻細微之物。
4 智名：指有智謀的名聲。
5 勇功：指勇敢作戰立下的功勞。
6 忒（tè）：差錯。
7 措：措施。

譯文

將帥預見勝利與普通人差不多，他的見識就算不上最高明的。通過激戰而取勝，儘管天下人都說好，也算不上最高明的。這就像舉得起秋天鳥獸的細毛算不上力氣大，看得見日月算不上眼力好，聽得見雷霆之聲算不得聽力敏銳一樣。古人所說的善於用兵的人，他們的勝利都是在有充分把握下而取得。因此，善於用兵的將領，他們的勝利來得那麼自然，好像沒有留下用智謀的名聲，也好像沒有甚麼勇武的戰功。擅長用兵的人，他們對勝利有必得的把握，不會出絲毫差錯。之所以不出差錯，是由於他們採取的策略建立在必勝的基礎上，是戰勝必然失敗的敵人。

4.4

故善戰者，立於不敗之地，而不失敵之敗也。是故勝兵先勝而後求戰[1]，敗兵先戰而後求勝。善用兵者，修道而保法[2]，故能為勝敗之政[3]。

注釋

1 先勝：先創造取勝的條件。

2 修道：修明政治。保法：確保法制。

3 政：通「正」，引申為主宰。

譯文

善於用兵的人總是使自己立於不敗之地，而不放過戰敗敵人的機會。因此，勝利之師總是先有把握取得勝利再同敵人開戰，失敗之師則是先同敵人開戰再尋求勝利的機會。善於用兵的人，先實行仁義，使政治清明，再嚴格法制，從嚴治軍，這樣就能掌握勝負的決定權了。

賞析與點評

孫子所講的「修道」即後來孟子所說的「仁者無敵」，要實行仁政，讓民眾安居樂業，上下齊心，才具備勝利的基礎。不過孫子還提出「保法」，要完備制度建設，執法嚴明，兩者結合才能決定勝負。

兵法：一曰度[1]，二曰量[2]，三曰數[3]，四曰稱[4]，五曰勝。地生度，度生量，量生數，數生稱，稱生勝。故勝兵若以鎰稱銖[5]，敗兵若以銖稱鎰。勝者之戰民也[6]，若決積水於千仞之谿者[7]，形也。

注釋

1 度：計量長短的標準，這裏指國土面積的大小。

2 量：計量物體多少的容器，這裏指物質資源的數量。

3 數：數目、數量，這裏指軍隊的人數。

4 稱：衡量輕重，這裏指雙方實力的比較。

5 鎰（yì）：古代重量單位，二十四兩為一鎰。銖：古代重量單位，二十四銖為一兩。

6 戰民：指揮士卒作戰。

7 仞：古代長度單位，八尺為一仞。一說，七尺為一仞。

譯文

用兵有五個重要範疇：一是度，二是量，三是數，四是稱，五是勝。土地幅員大小，這就是度。土地幅員大小決定出產多少糧食物資，這就是量。糧食物資的多少決定國家的人口數目，這就是數。土地、糧食和人口反映了一個國家的綜合實力，這就是稱。稱決定戰爭的勝負。勝利方的綜合實力往往居於絕對優勢，失敗方與它相比簡直相差十萬八千里。勝利者在指揮士卒作戰時，就像從萬丈高峰上掘開溪水一樣，勢不可擋，這就是「形」。

賞析與點評

「形」就是客觀物質力量的表現，包括土地、物產和人口等因素。毫無疑問，幅員遼闊、物產豐富、人口眾多的國家在戰爭中將會處於有利的地位。明代劉伯溫曾告誡朱元璋「廣積糧，緩稱王」，正是對孫子相關主張的靈活運用。

中卷

勢篇

本篇導讀——

《勢篇》主要論述如何營造一種壓倒性的態勢來戰勝對方。

本篇內容可分為四層：一是將帥應當以軍事實力為基礎，正確組織和部署軍隊，做到奇正相合，出奇制勝。二是軍隊的部署要做到勢短節險，勢短即氣勢的短促有力，節險是衝擊速度的險峻迅捷，這是最容易獲得勝利的態勢。三是統帥要善於通過有效地控制軍隊來造勢，始終保持我方的嚴整、勇敢和強大，使我軍處於有利的態勢。四是統帥要善於選擇使用各種人才去營造有利的態勢，擇人任勢。

本篇最富於啟發性的內容有兩點：一是奇正結合，它啟發我們不可墨守成規，只有靈活善變，才能戰勝對手。二是擇人任勢，要善於發現並利用下屬的長處，揚長避短，從而佔據優勢。

孫子曰：凡治眾如治寡，分數是也[1]。鬥眾如鬥寡，形名是也[2]。三軍之眾，可使必受敵而無敗者，奇正是也[3]。兵之所加，如以碫投卵者[4]，虛實是也[5]。

注釋

1 分數：規定人數，分任職務，指作戰時軍隊的組織編制。

2 形名：旌旗為形，金鼓為名，指作戰時的指揮方式。

3 奇正：作戰時以對陣交鋒為正，設伏掩襲等為奇。

4 碫（duàn）：鍛鐵用的砧石。

5 虛實：兵力強為實，兵力弱為虛。一說，兵力集中為實，兵力分散為虛。

譯文

孫子說：管理大部隊如同管理小部隊一樣容易，這就是隊伍組織的問題。指揮大部隊作戰如同指揮小部隊一樣容易，這就是指揮號令的問題。在遭到進攻時，三軍作戰能確保不會失敗，這就是「奇正」戰術變化的問題。在進攻敵人時所向無敵，就像用石頭碰雞蛋那樣容易，這就是正確運用「虛實」的問題。

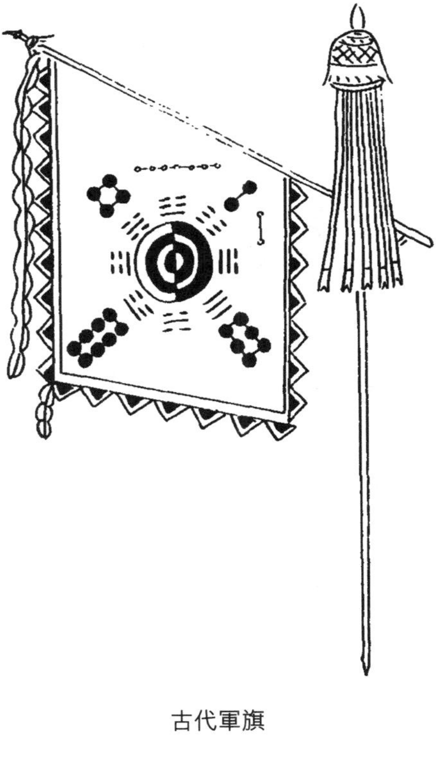

古代軍旗

賞析與點評

領導者統領眾人，首先要明確下屬分工，做好監督。其次是號令嚴明，令行禁止，讓制度觀念深入人心。最後還要靈活善變，根據不同情況採取合適的對策。

5.2

凡戰者，以正合[1]，以奇勝[2]。故善出奇者，無窮如天地，不竭如江河。終而復始，日月是也。死而復生，四時是也。聲不過五，五聲之變[3]，不可勝聽也[4]；色不過五，五色之變[5]，不可勝觀也；味不過五，五味之變[6]，不可勝嘗也。戰勢不過奇正[7]，奇正之變，不可勝窮也。奇正相生[8]，如循環之無端[9]，孰能窮之！

注釋

1 **正**：正兵，指擺開陣勢正面作戰的軍隊。**合**：對付、抵擋。

2 **奇**：奇兵，出乎敵人意料而突然襲擊的軍隊。

3 **五聲**：宮、商、角、徵（zhǐ）、羽五音。

4 **勝**：盡。

5 **五色**：青、赤、白、黑、黃五種顏色。

6 **五味**：酸、甜、苦、辣、鹹五種味道。

7 **戰勢**：作戰的形式、方法。

8 **相生**：事物由於矛盾轉化而生生不已。

9 **無端**：沒有起點，沒有終點。

譯文

用兵時一般以正兵迎敵交戰，靠奇兵獲得勝利。因此，善於出奇制勝的將領，其戰術的運用變化莫測，像宇宙中的萬物一樣無窮無盡，像長江黃河一樣滔滔不窮。落下去又重新升起，太陽和月亮就是這樣。結束之後又再次產生，四季的更迭就是這樣。音樂的基本音階只有宮、商、角、徵、羽五個，然而五個音階所組成的樂曲卻是聽不完的。顏色只有紅、黃、綠、白、黑五種，然而五種顏色組成的各種美麗花紋卻是看不完的。味道只有甜、酸、苦、辣、鹹五種，然而五味組成的各種美味卻是嘗不完的。基本的戰術只有奇、正兩種，但奇、正組成的戰術變化卻是無窮無盡的。「奇」、「正」互相變化，就像順着圓環走那樣，無頭無尾，誰能使它窮盡呢？

賞析與點評

「奇正」是《孫子》中的一對重要範疇。「正合奇勝」的精髓在於打破常規，靈活善變，使對手莫測端倪。啟發我們要重視反常思維或超常思維，善於出奇制勝。

5·3

激水之疾[1]，至於漂石者，勢也；鷙鳥之疾[2]，至於毀折者[3]，節也[4]。是故善戰者，其勢險，其節短。勢如彍弩[5]，節如發機[6]。

注釋

1 激水：湍急的水流。

2 鷙（zhì）鳥：兇猛的鳥，如鷹隼之類。

3 毀折：毀損，這裏指鷹隼捕殺小禽獸。

4 節：節奏。

5 彍（guō）弩（nǔ）：拉滿的弓弩。

6 發機：撥動弩弓的發矢機。

譯文

湍急的水流能沖走巨石，這就是「勢」；兇猛的鷹隼迅速出擊捕殺獵物，這就是「節」。善於用兵的人所造成的「勢」險峻逼人，就像張滿的弓弩；所營造的「節」短促有力，就像撥動弩弓的發矢機，一觸即發。

賞析與點評

只要抓住時機，快速行動，就能處於有利的態勢之中，猶如離弦之箭，勢不可擋。

5.4

紛紛紜紜[1]，鬥亂而不可亂[2]；渾渾沌沌[3]，形圓而不可敗[4]。亂生於治[5]，怯生於勇，弱生於強。治亂，數也[6]；勇怯，勢也[7]；強弱，形也[8]。故善動敵者[9]，形之[10]，敵必從之；予之，敵必取之。以利動之，以卒待之。

注釋

1 紛紛紜紜：形容戰鬥時雙方混亂相爭的情形。

2 鬥亂：混戰。

3 渾渾沌沌：形容戰鬥時雙方人馬混雜在一起的情形。
4 形圓：指擺好陣勢，各部分能夠互相照應。圓，首尾連貫。
5 亂生於治：表面的混亂是由實際的嚴整故意表示出來的。亂，混亂。生，表示出。治，嚴整。
6 數：組織編制。
7 勢：雙方作戰時的態勢。
8 形：綜合實力。
9 動：調動。
10 形之：示敵以偽形，即用假象迷惑敵人。

譯文

戰鬥中旌旗紛亂、人馬混雜，主帥在混戰中要保持好戰鬥隊形以避免混亂；戰鬥中車輛轉動、步騎奔馳，主帥要使隊伍互相照應以避免失敗。隊伍組織編制十分嚴密時才能讓敵人看起來十分混亂；士兵具有勇敢的素質後才能讓敵人看起來十分怯懦；實力相當強大時才能讓敵人看起來十分弱小。嚴密還是混亂，是由隊伍的組織編制造成的；勇敢還是怯懦，是由作戰的態勢所決定的；強大還是弱小，是由雙方的綜合實力決定的。因此，善於調動敵軍的將帥，故意製造假象，敵人就會受騙而服從調動；用小利來引誘，敵人一定會爭奪。用利益去調動敵人，再埋伏重兵嚴陣以待。

賞析與點評

主帥要善於製造假象，以弱勢示敵，乘對方不備而戰勝他。

5.5

故善戰者，求之於勢，不責於人[1]，故能擇人而任勢[2]。任勢者，其戰人也[3]，如轉木石。木石之性，安則靜，危則動，方則止，圓則行。故善戰人之勢，如轉圓石於千仞

之山者，勢也。

注釋

1 責：苛求。

2 任勢：利用各種有利的態勢。

3 戰人：指揮士卒作戰。

譯文

善於用兵的人，只是通過營造有利態勢來取勝，從不苛求下屬。所以他會選擇不同長處的人並因勢利導來取勝。這種人在指揮作戰時就像滾動木頭和石頭一樣。木頭和石頭的特性是放在安穩平坦的地方就靜止，放在險峻陡峭的地方就滾動；方形的容易靜止，圓形的容易轉動。因此，善於用兵的人所營造的有利態勢就像把圓形的木頭和石頭從萬丈高山上滾下來那樣，那真是勢不可擋啊！

賞析與點評

「擇人任勢」就是充分考慮下屬的特點，揚長避短，從而佔據優勢地位。

虛實篇

本篇導讀——

《虛實篇》主要論述了如何運用各種手段，把不利因素變為有利因素，從而牢牢掌握戰爭的主動權。「虛」指兵力分散，力量弱小；「實」指兵力集中，力量強大。

本篇內容分為三層：一是論述如何成為「敵之司命」。要通過利益來調動敵人，正確判斷敵情，通過分散敵軍來營造以實擊虛的有利態勢。二是分散敵軍的方法，「形人而我無形」。「形人」是查明敵軍情況，「無形」就是不暴露自己的形跡。三是孫子以水為喻，說明避實擊虛在因敵制勝中的關鍵作用。

孫子在本篇中提出了許多爭取主動權的有效方法，充滿了人生智慧，像避實擊虛、攻敵必救、分化敵軍等等，啟發人們在競爭中要善於隱藏自己的實力和意圖，迫使對手不得不分兵防禦，為集中優勢兵力取得勝利創造良機。

‖6.1

孫子曰：凡先處戰地而待敵者佚[1]，後處戰地而趨戰者勞[2]。故善戰者，致人而不致於人[3]。能使敵人自至者，利之也；能使敵人不得至者，害之也[4]。故敵佚能勞之，飽能饑之，安能動之。

注釋

1 處：佔據。佚：安逸。

2 趨戰：快速急進奔赴戰場，倉促應戰。趨，急行。勞：疲勞、勞苦。

3 致人：調動敵人。致，招致、調動。

4 害：妨害。

譯文

孫子說：先佔據有利地形靜待敵軍來攻打的軍隊，士兵們就十分安逸。後來不得不緊急奔赴戰場的軍隊，士兵們就十分疲勞。擅長用兵的人，能調動敵人前來攻打而不被敵人調動。要使敵人從遠處自動前來就擒，靠的是利益的引誘。要使敵人不敢前來，靠的阻撓和牽制。因此，敵人休整得好，就設法使它疲勞。敵人糧食充足，就設法使它飢餓。敵人堅固駐紮，要設法使它移動。

6.2

出其所不趨，趨其所不意。行千里而不勞者，行於無人之地也；攻而必取者，攻其所不守也。守而必固者，守其所不攻也。故善攻者，敵不知其所守；善守者，敵不知其所攻。微乎微乎[1]，至於無形；神乎神乎[2]，至於無聲，故能為敵之司命[3]。

注釋

1 微：微妙。

2 神：神奇。

3 司命：傳說掌管人的生命的神。

譯文

出兵要指向敵軍無法到達的地方，目標要指向敵軍意想不到的地方。千里行軍而不感到勞累，那是因為這些地方敵軍沒有守備。進攻就一定能攻克，因為進攻的是敵人的薄弱環節。防守就一定能鞏固，因為扼守的是敵人不易進攻的地方。因此，善於攻擊的人，敵軍根本不知道守哪裏好；善於防禦的人，敵軍不知道攻擊哪裏好。微妙呀微妙呀！微妙到看不出形跡。神奇呀神奇呀！神奇到聽不見聲息。所以能成為敵人命運的主宰。

賞析與點評

正確的進攻或防守取決於主帥對敵情的準確判斷，找出戰役的關鍵點和敵軍的強勢與弱點，以便避實擊虛。更重要的是，主帥要善於隱藏自己的意圖和實力，讓對手無從判斷我方的戰略意圖，無法有效地組織進攻或者防禦，這樣就能完全獲得戰爭的主動權。

6.3

進而不可禦者，衝其虛也[1]；退而不可追者，速而不可及也。故我欲戰，敵雖高壘深溝，不得不與我戰者，攻其所必救也；我不欲戰，雖畫地而守之[2]，敵不得與我戰者，乖其所之也[3]。

注釋

1 衝：攻擊。虛：防守薄弱之地。

2 畫地：在地上劃界線，比喻防禦簡單。

3 乖其所之：把敵人引導到相反的地方去。乖，背離。

譯文

攻擊時敵軍無法防禦，那是由於衝擊的是敵軍空虛的地方。退卻時敵軍無法追擊，那是由於行動迅速使敵軍追趕不上。因此，當我軍想要決戰時，敵軍雖然高壘深溝，也不得不出來與我作戰，這是由於攻擊的是敵人必須救援的地方。我軍不想決戰時，雖然畫地而守，十分易攻，但敵軍也不願同我決戰，這是由於把敵人的進攻方向誘導到相反的地方去了。

賞析與點評

「攻其必救」是為了反客為主，不要機械地認為實力強大就要採取攻勢，實力弱小就要採取守勢，要深入分析當前形勢，力求處於主動地位。

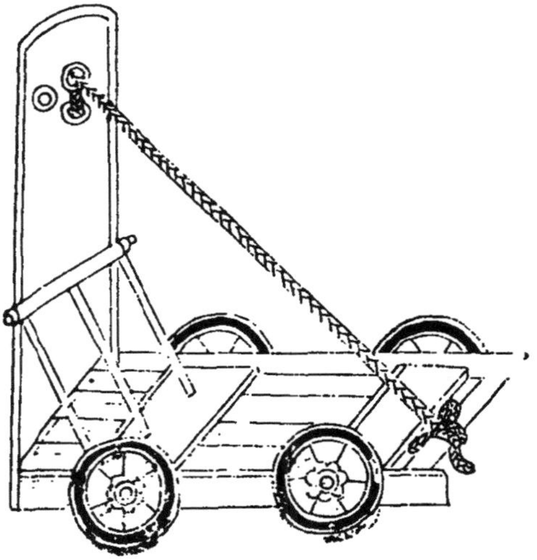

填壕車

故形人而我無形[1]，則我專而敵分[2]。我專為一，敵分為十，是以十攻其一也，則我眾而敵寡；能以眾擊寡者，則吾之所與戰者約矣[3]。吾所與戰之地不可知，不可知則敵所備者多，敵所備者多，則吾所與戰者寡矣。故備前則後寡，備後則前寡，備左則右寡，備右則左寡，無所不備，則無所不寡。寡者，備人者也；眾者，使人備己者也。

注釋

1 形人：使敵人暴露情況。

2 專：兵力集中。分：兵力分散。

3 約：少。

譯文

讓敵軍情況完全暴露而我軍卻不露痕跡，那麼我軍的兵力就可以集中而敵軍不得不分散。我軍兵力集中在一處，敵軍兵力分散在十處，我們就可以集中全部兵力攻擊十分之一的敵軍。這就造成了我眾敵寡的有利態勢，如果能以多擊少的話，那麼我軍所要對付的敵人就減少了。我們的進攻目標敵軍不知道，那麼他們需要防備的地方就多，防備的地方多，能夠與我軍作戰的兵力就少。這樣的話，防備前面，後面的兵力就少；防備後面，前面的兵力就少。防備左面，右面兵力就少；防備右面，左面的兵力少。如果處處防備，那麼各處兵力都會薄弱。兵力薄弱是由於處處分兵設防，兵力充足是由於迫使敵軍處處防備。

賞析與點評

如何造成「以眾擊寡」的有利態勢呢？關鍵是不能讓對手了解我方情況，這樣對手就需要處處設防，兵力也就分散了。同時，我方要了解對手情況，這樣就可以有針對性地選擇作戰目標，完全掌握主動權。知己知彼，百戰百勝。對涉及個人或集團的核心機密一定要設法保全，這是勝負的關鍵啊！

故知戰之地，知戰之日，則可千里而會戰[1]；不知戰地，不知戰日，則左不能救右，右不能救左，前不能救後，後不能救前，而況遠者數十里，近者數里乎！以吾度之[2]，越人之兵雖多，亦奚益於勝敗哉[3]？故曰：勝可為也。敵雖眾，可使無鬥。

注釋

1 會戰：敵對雙方主力在一定地區和時間內進行的決戰。

2 度（duó）：推測、估計。

3 奚：疑問詞，何、甚麼。

譯文

因此，如果準確預知作戰的時間和地點，千里之外也可以同敵決戰。如果不能預知作戰的時間和地點，那麼同一支軍隊的左翼與右翼、前軍與後軍也不能相互支持，更何況兩軍近在數里或遠在數十里之外呢？據我的估計，越國的軍隊縱使很多，對於戰爭的勝負又有甚麼幫助呢？所以說：勝利完全可以獲得。敵軍雖多，可以使他們無法投入戰鬥。

故策之而知得失之計[1]，作之而知動靜之理[2]，形之而知死生之地[3]，角之而知有餘不足之處[4]。故形兵之極[5]，至於無形。無形，則深間不能窺[6]，智者不能謀。因形而錯勝於眾[7]，眾不能知。人皆知我所以勝之形，而莫知吾所以制勝之形[8]。故其戰勝不復[9]，而應形於無窮。

注釋

1 策：計算用的籌子，引申為計算。

2 作之：激怒、引誘敵人行動。作，興起。

3 形：偵察地形。

4 角：較量。

5 形兵：指製造假象來迷惑敵人的一種戰術。

6 深間：深藏的間諜。

7 錯勝：制勝。錯，通「措」。

8 制勝：制服對方以取勝。

9 復：重複。

譯文

要通過認真計算來分析作戰計劃的得失，通過挑動敵軍行動來了解他們的活動規律，通過偵察地形來了解哪裏是生死要害之地，通過試探性進攻了解敵軍的兵力部署的強弱。因此，用兵的最高境界是看不出形跡。不露形跡時，最深藏的間諜也看不出底細，最聰明的將帥也想不出對策。根據敵情的變化而採取合適的措施而取勝，這種勝利放在眾人面前，他們也不知道其中的奧妙。他們只知道是根據敵情變化採用合適的戰術而取勝，卻不知是如何採用的。所以，每一次勝利都不會重複，而是根據不同情況不斷變化。

6.7

夫兵形象水，水之形，避高而趨下；兵之形，避實而擊虛。水因地而制流，兵因敵而制勝。故兵無常勢，水無常形。能因敵變化而取勝者，謂之神。故五行無常勝[1]，四時

無常位[2]，日有短長，月有死生[3]。

注釋

1 **五行**：指水、火、木、金、土，古人認為是構成各種物質的五種基本元素，互相產生，互相克制。

2 **四時**：指春、夏、秋、冬四個季節。**常位**：固定的位置。

3 **死生**：猶言盈虧、消長。

譯文

用兵的規律就像水一樣，水的特點是避開高處而流向低處。用兵的規律是避開敵軍的強項而攻擊它的弱點。水流是由地形來決定它的方向，用兵是由敵情來決定制勝的策略。因此，用兵沒有固定的程式，流水沒有固定的形狀。能夠依據敵情的變化而取得勝利的，就叫做用兵如神。所以說五行相生相克沒有固定的形式，四季相交替不會固定不移。白天有長有短，月亮時圓時缺。

賞析與點評

既要有堅定的信念，又要有靈活的頭腦，要根據對手的變化而及時調整行動計劃，切忌因循守舊，頑固不化。

軍爭篇

本篇導讀——

《軍爭篇》主要論述將領臨場指揮時應該遵循的作戰方針，核心思想是奪取先機，克敵制勝。

本篇內容分為三個層次：第一層論述了戰爭中爭取先機的重要性與爭取先機的方針，統帥要善於創造條件把不利因素轉化為有利因素。第二層論述了軍爭的危險和方法。統帥要權衡形勢，相機而動，不可盲目去爭奪，要重視伐謀、伐交、道路、地形等各種情況，合理安排行動。第三層論述軍隊進退要服從指揮，統帥要根據將士的士氣、心理和體力變化靈活實施行動和具體的攻擊方法。

本篇最富於啟發性的論述有兩點：一是「以迂為直，以患為利」，在處於劣勢時要設法另闢蹊徑，攻敵不備，掌握先機；二是「圍師必闕，窮寇勿迫」，要掌握好行動的分寸，努力實現利益的最大化。

孫子曰：凡用兵之法，將受命於君，合軍聚眾[1]，交和而舍[2]，莫難於軍爭[3]。軍爭之難者，以迂為直[4]，以患為利[5]。故迂其途，而誘之以利，後人發，先人至，此知迂直之計者也。

注釋

1 合軍：集結軍隊。聚眾：聚集民眾。

2 交和：相連、連接。舍：駐紮。

3 軍爭：爭取先機之利。

4 迂：迂迴曲折。

5 患：艱險。

譯文

孫子說：用兵的法則是：主帥接受國君的命令，向國民發出動員，然後組成軍隊，開赴前線與敵軍對陣，在這個過程中沒有比爭取先機更為重要的事情了。爭取先機最困難的地方在於明明是遠路卻很快到達，明明是困難卻成為有利條件。因此，讓敵軍覺得我軍路途遙遠，用小利誘使他們放鬆警惕，這樣雖然出發較晚，卻能早於敵人到達目標，這就是懂得了「以迂為直」的方法。

賞析與點評

搶佔先機的關鍵是麻痹對手，讓他疏於防範。「以迂為直，以患為利」啟發人們要冷靜分析形勢，善於另闢蹊徑，從而把不利條件轉化成有利條件。

7.2

故軍爭為利，軍爭為危。舉軍而爭利則不及，委軍而爭利則輜重捐[1]。是故卷甲而趨[2]，日夜不處[3]，倍道兼行[4]，百里而爭利，則擒三將軍[5]，勁者先，疲者後，其法十一而至；五十里而爭利，則蹶上將軍[6]，其法半至；三十里而爭利，則三分之二至。是故軍

無輜重則亡，無糧食則亡，無委積則亡[7]。

注釋

1 委軍：拋棄糧草輜重。委，拋棄。捐：丟失、損失。

2 卷甲：捲起鎧甲。形容輕裝疾進。

3 處（chǔ）：停留。

4 倍道：古代行軍一日三十里，倍道即六十里。兼行：日夜行軍。

5 三將軍：古時行軍分前、中、後三軍，三將軍即三軍的統帥。

6 蹶（jué）：挫敗。

7 委積：指儲備的糧草。

譯文

軍爭是為獲取先機之利，但率領全軍去搶佔先機又是充滿危險的。全軍都去爭利往往因遲緩而誤事，部分軍隊去爭利又會使裝備、輜重遭受損失。因此，收起盔甲輕裝前進，日夜兼程行程百里去爭利，固然比平時快幾倍，但卻容易使三軍統帥被擒。這

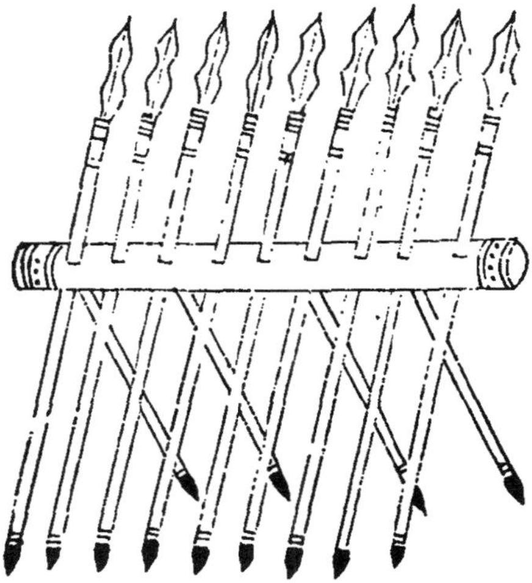

拒馬槍

是由於強壯的士兵先到，疲弱的難免掉隊，到達目標的只有十分之一的兵力。急行軍五十里去爭利，先頭部隊的將領就易受挫折，這是由於到達目標的只有一半的兵力。急行軍三十里去爭利，到達目標的只有三分之二的兵力。所以說，軍隊沒有輜重就會失敗，沒有糧食就不能生存，沒有物質儲備則難以為繼。

賞析與點評

任何事情都要量力而行，充分的後勤保障是搶佔先機的重要前提。

7·3

故不知諸侯之謀者，不能豫交[1]；不知山林、險阻、沮澤之形者[2]，不能行軍；不用鄉導者[3]，不能得地利。

注釋

1 豫交：準備交兵。一說，預先結交。

2 沮（jù）澤：水草叢生的沼澤地帶。

3 鄉導：嚮導，帶路的人。鄉，通「嚮」。

譯文

因此，不了解對方的企圖，不要準備與其交戰。不知道山林、險阻、沼澤等各種地形條件，不可貿然進軍；不使用嚮導，就很難得到地利。

賞析與點評

高明的將領懂得通過多方試探、察言觀行，細緻入微地把握對方的真實意圖。還懂得對天氣、地理等各種客觀條件進行細緻研究，進而制定出更加完善的行動計劃，獲得成功。

故兵以詐立[1]，以利動，以分合為變者也[2]。故其疾如風，其徐如林，侵掠如火[3]，不動如山，難知如陰，動如雷震。掠鄉分眾，廓地分利，懸權而動[4]。先知迂直之計者勝，此軍爭之法也。

注釋

1 詐：欺騙。立：成立、成功。

2 分合：分開與合併。

3 侵掠：出擊，進攻。

4 懸權：懸掛秤砣，比喻衡量利害得失。

譯文

因此，用兵以詭詐多變作為取勝的保證，以利益大小作為行動的準則，以兵力分散和集中作為變化的手段。所以，軍隊快速行動時就像狂風一樣迅疾，緩慢行軍時就像樹林一樣整肅，發動進攻時像烈火一樣勢不可擋，停軍不前時像高山一樣堅不可摧，隱藏實力時如陰雲蔽空難窺星辰，實力發動時如雷霆萬鈞無堅不摧。擄掠敵國的財物要分給眾人，佔領敵國的土地要分封給有功的將領。衡量利害得失，然後再採取行動。率先掌握「以迂為直」策略的將帥就會取勝，這就是「軍爭」的原則。

賞析與點評

「掠鄉分眾，廓地分利」，最值得借鑒。能夠讓下屬及時分享到勝利的果實，無疑會凝聚人心並大大提高下屬的工作熱情。

7·5

《軍政》[1]曰：言不相聞，故為金鼓[2]；視不相見，故為旌旗[3]。夫金鼓旌旗者，所以一人之耳目也[4]。人既專一，則勇者不得獨進，怯者不得獨退，此用眾之法也。故夜戰多火鼓，晝戰多旌旗，所以變人之耳目也。

注釋

1《軍政》：古代兵書。

2 金鼓：泛指金屬製樂器和鼓。

3 旌旗：旗幟的總稱。

4 一：統一。

譯文

古代兵書《軍政》說：「戰鬥中用嘴喊出的命令往往聽不到，就設置鑼鼓來指揮；用手勢作出的命令往往看不到，就設置旌旗來指揮。指揮所用的鑼鼓旌旗就是用來統一大家行動的。士兵都聽從指揮，勇猛的士兵就不會單獨冒進，怯懦的士兵也不會私自後退，這就是指揮大部隊作戰的方法。因此，夜晚用兵要多用火把和戰鼓，白天用兵要多用旌旗，士兵們都是按照它們發出的命令來調整行動的。

賞析與點評

勝利取決於團體的力量，團體的有效運轉取決於規章制度，因此，指揮大部隊作戰的方法是讓眾人都服從指揮，不敢私自前進或後退。領導者一定要維護規則的權威性，通過嚴格執行規則來增加集團的凝聚力，進而爆發出強大的競爭力。

7.6

故三軍可奪氣[1]，將軍可奪心[2]。是故朝氣銳，晝氣惰，暮氣歸。故善用兵者，避其銳氣，擊其惰歸，此治氣者也[3]。以治待亂，以靜待譁，此治心者也[4]。以近待遠，以佚待勞，以飽待飢，此治力者也[5]。無邀正正之旗[6]，勿擊堂堂之陳[7]，此治變者也[8]。

注釋

1 奪氣：挫傷鋭氣，喪失勇氣。

2 奪心：喪失決心。

3 治氣：掌握軍隊士氣。

4 治心：掌握人心，征服人心。

5 治力：掌握戰鬥力。

6 邀：截擊。正正：整齊的樣子。

7 堂堂：盛大的樣子。陳：行列。

8 治變：掌握機動變化的方法。

譯文

敵軍旺盛的士氣可以設法挫傷，敵軍將帥頑強的意志可以設法動搖。因此，早晨剛投入戰鬥的軍隊充滿鋭氣，正午時就會逐漸懈怠下來，傍晚時就完全衰竭了。善於用兵的統帥應當避開敵軍的鋭氣，等到敵軍士氣衰竭時再展開攻擊，這就是掌握了士氣變化的規律。用整齊有序對陣雜亂無章，用沉着冷靜對陣躁動喧嘩，這就是掌握了心理變化的規律。用就近作戰對陣遠道奔襲，用安逸舒展對陣疲憊不堪，用飽食有力對陣飢寒交迫，這就是掌握了戰鬥力變化的規律。不要迎擊那些旗幟有序、隊伍嚴整的軍隊，不要攻擊陣勢嚴密、實力強大的敵人，這就是掌握了機動變化的用兵規律。

賞析與點評

戰鬥力取決於路途遠近、勞累程度和飽食飢寒，高明的統帥要設法調動我方最大的戰鬥力，又在敵方戰鬥力最弱的時候展開攻擊，自然就能佔據先機。這句話強調了正確判斷形勢的重要性，包括敵我雙方的士氣、心理、力量和天氣、地理等各種因素，然後才能制定恰當的行動策略，以逸待勞。

故用兵之法，高陵勿向[1]，背丘勿逆[2]，佯北勿從[3]，銳卒勿攻，餌兵勿食[4]，歸師勿遏[5]，圍師必闕[6]，窮寇勿迫[7]，此用兵之法也。

注釋

1 高陵：高丘，山丘。向：去，前往。
2 逆：迎戰，迎擊。
3 佯：假裝。北：敗逃。
4 餌兵：指誘敵就範的小部隊。
5 歸師：返回的軍隊。遏：阻止。
6 闕：空隙，缺口。
7 窮寇：陷於困境的敵人。迫：逼迫。

譯文

用兵的法則是：不要去進攻佔據高地的軍隊，不要迎擊從斜坡上衝下來的軍隊，不要追趕假裝敗退的軍隊，不要攻擊士氣旺盛的軍隊，不要貪圖用作誘餌的軍隊，不要正面攔截退回國的軍隊。對包圍的軍隊要給他們留個缺口，對陷入絕境的軍隊不要過分逼迫，這些都是用兵的法則。

賞析與點評

孫子提出了八個用兵戒律，充滿了用兵的智能。啟發人們做事應當掌握好分寸，有所節制，在一定限度內獲得利益的最大化。

九變篇

本篇導讀——

《九變篇》主要論述了在戰場瞬息萬變的情況下，將領如何全面考慮並靈活處置各種情況以取得勝利的問題。

本篇內容分為三個層次：一是通曉「九變」的將領能夠根據不同的地形，充分發揮軍隊的戰鬥力。二是要從利害兩方面考慮行動計劃，既能防患於未然，又能化險為夷。要依靠自己的充分準備，最終趨利避害。三是兩軍爭勝時，要明察將帥性格的弱點，這些弱點會帶來覆軍殺將的惡果，要努力避免。

孫子在本篇提出了很多有價值的觀點，如從實際出發、及時調整、有備無患等等。這也啟發人們在制訂應變計劃時，要客觀全面地考慮問題，避免機械和偏執。同時，不敗是建立在自身準備充分的基礎上的，不要寄希望於敵人不會進攻。

8.1

孫子曰：凡用兵之法，將受命於君，合軍聚眾，圮地無舍[1]，衢地交合[2]，絕地無留[3]，圍地則謀[4]，死地則戰[5]。途有所不由[6]，軍有所不擊，城有所不攻，地有所不爭，君命有所不受。

注釋

1 圮（pǐ）地：難於通行的地方。舍：紮營。

2 衢（qú）地：各國相毗鄰的要衝。交合：結交，交好。

3 絕地：絕境。

4 圍地：指出入通道狹窄，易被敵人圍攻之地。

5 **死地**：絕境。

6 **由**：通過。

譯文

孫子說：用兵的法則是：主帥接受國君的命令，向國民發出動員，然後組成軍隊。在難於通行的地方不可宿營，在與幾個國家交界的地方要結交鄰國，在難以生存的地方不要停留，在易被包圍的地方要早做謀劃，在無路可退的死地要拚死決戰。有的道路不宜通過，有的敵軍不宜進攻，有的城邑不宜攻打，有的地方不宜爭奪。以上九種情況要隨機應變，即使國君的命令有的也可以不接受。

賞析與點評

戰場情況瞬息萬變，高明的主帥要及時做出恰當的應對，如果事事請示君主，或者盲目服從命令，必然會貽誤戰機，招致災難性的後果。作為上級領導，發佈命令時要注意留有餘地，充分尊重下屬的自主權。

8.2

故將通於九變之地利者[1]，知用兵矣；將不通於九變之利者，雖知地形，不能得地之利矣；治兵不知九變之術，雖知五利[2]，不能得人之用矣。

注釋

1 九變：指用兵的多種機變。

2 五利：即上文「途有所不由」等五種權宜之計。

譯文

因此，主帥明白以上種種變化所帶來的利益，就懂得用兵打仗了。主帥不懂得以上種種情況的變化，即使了解地形，也不能得到地利。指揮打仗如果不知道各種機變的具體方法，即使知道「五利」，也不能充分發揮軍隊的戰鬥力。

8.3

是故智者之慮，必雜於利害[1]，雜於利而務可信也[2]，雜於害而患可解也。是故屈諸侯者以害，役諸侯者以業[3]，趨諸侯者以利[4]。故用兵之法，無恃其不來[5]，恃吾有以待也[6]；無恃其不攻，恃吾有所不可攻也。

注釋

1 雜：兼顧。利害：利益和損害。
2 務：事業。信：信心，保障。
3 役：役使，疲勞。業：事務，這裏指一些多餘的事情。
4 趨（cù）：促使。
5 恃：依賴，憑藉。
6 待：防備，抵禦。

譯文

因此，明智的將帥考慮問題一定會兼顧有利有害兩個方面。從有利的方面考慮，可以堅定戰鬥獲勝的信心；從有害的方面考慮，可以排除未來的禍患。所以要用最令人害

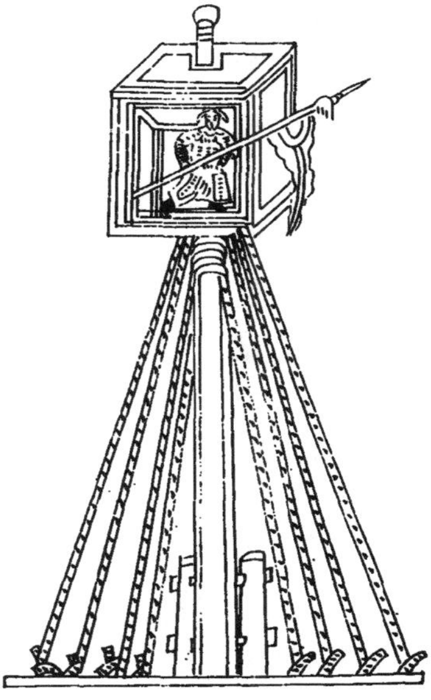

望樓

怕的事情來使其他諸侯國屈服，要多製造事端使其他諸侯國疲於奔命，要用富有誘惑的小利促使其他諸侯國歸附自己。因此，用兵的法則是：不要寄希望於敵人不來，要依靠我們自己所做的充分的準備。不要寄希望於敵人不會進攻，要依靠我們自己的實力使敵人即使進攻也一無所獲。

賞析與點評

獲得勝利的關鍵是「變」，根據對手情況採取適當的制敵措施；防止失敗的關鍵是「不變」，嚴格遵守各項制度，堅持不懈地提升實力，時刻保持警惕之心，以不變應萬變，就能抵禦各種風險。戰場上最可靠的就是自己，居安思危、自強自立永遠是成功最有力的保障。

故將有五危：必死[1]，可殺也；必生[2]，可虜也；忿速[3]，可侮也；廉潔[4]，可辱也；愛民，可煩也[5]。凡此五者，將之過也，用兵之災也。覆軍殺將[6]，必以五危，不可不察也。

注釋

1 必死：一心死戰。
2 必生：一心求生。
3 忿速：忿怒急躁。
4 廉潔：立身清白。這裏指清白愛面子。
5 煩：煩勞。
6 覆軍：覆滅全軍。

譯文

因此，將帥有五種危險：一味拚死決鬥，就可能被殺；一味貪生怕死，就可能被俘虜；暴躁易怒，就容易中敵人輕侮之計；潔身自好，就受不了敵人污辱之計；愛護平民，就容易被敵軍煩勞。這五種危險是將帥的過失，也是用兵的災害。全軍覆沒，主帥被殺，一定是這五種危險而引發的，不能不慎重對待啊。

賞析與點評

有勇無謀的人最容易中計被殺；貪生怕死之人最容易被生擒；剛怒急躁的人最容易被觸怒；那些假裝清高的人，也很容易受辱妄動；對老百姓無微不至的人，最容易被騷擾。因此，做人要具有宏大的胸襟，善於從大局出發處理事務，淡看個人名利的得失。

行軍篇

本篇導讀——

《行軍篇》主要論述了在不同地形條件下，統帥如何部署軍隊、行軍宿營和判斷敵情。

本篇內容可分為三個層次：一是考察了山地、江河、沼澤、平原等不同地形條件下處理軍隊的方法，並認為佔據有利地勢是獲勝的重要基礎。二是要善於觀察各種自然現象，準確判斷這些現象背後所包含的敵情。三是統領軍隊時，教育和懲罰相結合，將帥既要樹立權威，又要設法贏得士兵的愛戴。

本篇對地形的論述啟發人們要想方設法佔據有利地勢，從而在競爭中處於主動地位。本篇對觀察敵情的方法也論述得相當細緻，啟發人們不能停留在表面現象的觀察上，要警惕被敵方蒙蔽，更要注意通過細節考察真相。

孫子曰：凡處軍相敵[1]，絕山依谷[2]，視生處高[3]，戰隆無登[4]，此處山之軍也。

注釋

1 處：部署。相：觀察。

2 絕：越過。依：依附。

3 生處：向陽的地方。

4 隆：高處。

譯文

孫子說：在部署軍隊時，要根據地形和敵情作出恰當安排。穿越山谷時，要順着溪谷行進；駐紮時，要在向陽且視野開闊的高處；在高地作戰，不要自下而上仰攻：這就是山地的作戰原則。

敵臺圖

賞析與點評

山地作戰要佔領高地，居高臨下地展開攻勢，而不能相反。啟發我們在競爭時要設法使己方處於有利地位，這樣就可以事半功倍。

9.2

絕水必遠水，客絕水而來[1]，勿迎之於水內，令半濟而擊之[2]，利；欲戰者，無附於水而迎客[3]；視生處高，無迎水流，此處水上之軍也。

注釋

1 客：指敵人。

2 濟：渡。

3 附：依傍。

譯文

橫渡江河後，要迅速遠離河流；敵軍渡江來戰，不要在水中迎擊，讓他渡過一半再去攻擊它，才有利。不要依傍河流展開決戰。駐紮在江河地帶，要選擇向陽且視野開闊的高處，不要面迎水流。這就是江河地帶的作戰原則。

賞析與點評

慎重選擇行動時機，一切從實際出發，全面地分析現實環境中消極和積極因素，因地制宜，揚長避短。

絕斥澤[1]，唯亟去勿留；若交軍於斥澤之中，必依水草而背眾樹，此處斥澤之軍也。平陸處易[2]，而右背高[3]，前死後生[4]，此處平陸之軍也。凡此四軍之利，黃帝之所以勝四帝也[5]。

注釋

1 斥澤：鹽鹼沼澤地帶。

2 易：平坦。

3 右：右軍，泛指右翼部隊。背：背靠。

4 死：低。生：高。

5 黃帝：傳說是上古時期中原各族的共同祖先，號軒轅氏。四帝：泛指四方部落首領。

譯文

通過鹽鹼和沼澤地帶時，不要停留，應快速離開。一旦在這些地方交戰，就要靠近水草並且背靠樹林。這就是鹽鹼沼澤地的作戰原則。在開闊的平原地帶作戰，要駐紮在平坦之處，軍隊右翼背靠高地，主力的前面是低地而背後是高地，這就是在平原的作戰原則。以上是利用四種地形條件的軍隊部署原則，正是黃帝能夠戰勝四方部族首領的原因。

9.3

凡軍好高而惡下，貴陽而賤陰，養生而處實[1]，軍無百疾，是謂必勝。丘陵堤防，必處其陽而右背之[2]，此兵之利，地之助也。上雨水沫至，欲涉者[3]，待其定也。

注釋

1 養生：謂駐紮在物產豐富、便於生活之處。處實：依託高地而駐紮。

2 陽：山的南面或水的北面。

3 涉：徒步渡水。

譯文

將帥用兵一般喜歡高處而討厭低處，推崇向陽乾燥而輕視背陰潮濕的地方。軍隊駐紮之地糧草供應便利，依託高地，堅實可靠，各種疾病不會發作，勝利也就有保證了。在丘陵堤防之處，要把軍隊部署在向陽之地並使其主要側翼依託高地。這都是用兵有利的措施，也就是得到了地形的幫助。上游下雨，會沖來水沫，要等到水勢平穩之後再渡河。

9.4

凡地有絕澗[1]、天井[2]、天牢[3]、天羅[4]、天陷[5]、天隙[6]，必亟去之，勿近也。吾遠之，敵近之；吾迎之，敵背之。軍行有險阻[7]、潢井[8]、葭葦[9]、山林、翳薈者[10]，必謹復索之，此伏奸之所處也。

注釋

1 **絕澗**：高山陡壁之下的溪澗。

2 **天井**：四周為山，中間低窪的地形。

3 **天牢**：指群山環繞、形勢險峻、易入難出之地。

4 **天羅**：林木縱橫的地形。

5 **天陷**：指地勢低窪、泥濘易陷的地帶。

6 **天隙**：指兩山之間狹窄的谷地。

7 **險阻**：險要阻塞之地。

8 **潢**（huáng）**井**：指低窪積水地帶。

9 **葭**（jiā）**葦**：蘆葦。

10 **翳**（yì）**薈**：草木茂盛，可為障蔽。

譯文

行軍時遇到絕澗、天井、天牢、天陷和天隙這樣的險絕地形，趕快避開，一定不要接近。我軍遠離而讓敵軍接近，我軍正對而讓敵軍背對，這是最有利的。行軍的路旁如果遇到懸崖絕壁、積水窪地、林木繁榮、蘆葦叢生、雜草茂盛的地方，一定要仔細反覆地搜索，因為這些地方最容易埋伏軍隊或隱藏奸細。

賞析與點評

有些地形有利於獲得勝利，有些地形卻蘊藏殺機。面臨險境時不可逞匹夫之勇，要有躲避風險的意識。

9.5

敵近而靜者，恃其險也；遠而挑戰者，欲人之進也；其所居易者[1]，利也；眾樹動者，來也；眾草多障者，疑也；鳥起者，伏也；獸駭者[2]，覆也[3]；塵高而銳者[4]，車來也；卑而廣者，徒來也[5]；散而條達者[6]，樵采也；少而往來者[7]，營軍也。

注釋

1 易：平坦。

2 駭：驚駭。

3 覆：伏兵。

4 銳：尖，底大頂小。

5 徒：步兵。

6 條達：斷續分散的樣子。

7 往來：反覆，來回。

譯文

敵軍距離很近卻十分鎮靜，一定是有險可依；距離很遠卻不停挑戰，是想誘使我們進軍；捨險而駐紮在平地，一定有這樣做的好處；許多樹木都在搖動，那是敵軍要來的徵兆；草叢中多有偽裝和障礙，那是敵軍故設疑兵；鳥雀受驚飛起，下面一定有伏兵；野獸受驚奔跑，旁邊一定有伏兵；塵土筆直高升，這是敵軍的戰車襲來；塵土低而寬廣，這是敵軍的步兵趕來；塵土零散又斷斷續續，只是敵軍在砍柴；塵土稀少又反覆來回，那是敵軍的先頭部隊在安營紮寨。

賞析與點評

任何現象背後必定蘊含着某種軍情，統帥要具備透過現象看清本質的能力。世間萬物之間具有密切的聯繫，我們要善於通過細心觀察而總結出事物變化發展的規律。

9.6

辭卑而益備者，進也；**辭強而進驅者，退也**；輕車先出居其側者[1]，陳也[2]；無約而請和者，謀也[3]；奔走而陳兵車者，期也[4]；半進半退者，誘也；杖而立者[5]，飢也；汲而先飲者[6]，渴也；見利而不進者，勞也。

注釋

1 輕車：戰車。

2 陳：陳兵欲戰。

3 謀：陰謀。

4 期：期待決戰。

5 杖：持兵器。

6 汲：打水。

譯文

敵軍使節的言辭相當謙卑，但軍隊卻加緊備戰，這是進攻的徵兆。敵軍使節的言辭相當強硬，行動咄咄逼人，這是退兵的徵兆。戰車先出戰擺在側翼，這是在排兵佈陣。沒有訂立盟約而來講和的，其中必有陰謀。敵軍往來奔走排好陣勢，是期待與我軍決戰。敵軍半進半退，是誘使我軍進入伏擊圈。靠着兵器才能站立，這是飢餓的表現。取水的人自己先喝，這是乾渴的表現。有利可圖卻不進軍，這是疲勞的表現。

感。

賞析與點評

很多時候，言辭可以作偽。我們要善於通過對手的表現來判斷其真實的意圖，不要被假象所迷惑。

9.7

鳥集者，虛也；夜呼者，恐也；軍擾者，將不重也[1]；旌旗動者，亂也；吏怒者，倦也；粟馬食肉[2]，軍無懸缻[3]，不返其舍者，窮寇也；諄諄翕翕[4]，徐與人言者，失眾也；數賞者，窘也；數罰者，困也；先暴而後畏其眾者，不精之至也[5]；來委謝者[6]，欲休息也。兵怒而相迎[7]，久而不合[8]，又不相去，必謹察之。

注釋

1 重：威望。

2 粟馬：用糧食喂馬。

3 缻（fǒu）：瓦盆，泛指炊具。

4 諄諄（zhūn）翕翕（xī）：指聚集在一起低聲議論。諄諄，絮絮不休的樣子。翕翕，失意不滿的樣子。

5 精：精明。

6 委謝：帶財物來道歉。委，所積財物。

7 怒：氣勢強盛。

8 合：交鋒，交戰。

譯文

鳥雀群集敵營，表明那是座空營。敵軍夜間驚呼，這是恐懼的表現。敵軍紛亂不堪，表明將領缺少威望。敵軍的旗幟不停地搖動，表明秩序十分混亂。敵軍官吏煩躁易怒，表明士卒十分疲倦。用糧食喂馬，宰殺拉車牲畜，把炊具都打破，不再回營舍，表明敵軍到了窮途末路，正要拼命。士兵們竊竊私語，將帥說話時低聲下氣，表明主將不得人心。將領一再犒賞士卒，表明其處境十分窘迫。將領一再責罰士卒，表明已經陷入困境。將領開始十分粗暴，之後又畏懼士卒叛亂，那是愚蠢到極點。派人帶着財物來道歉，是想停戰休息。敵軍向我進攻時氣勢強盛，長久不展開決戰，又不退兵，一定要細察他們的真實意圖。

賞析與點評

觀察敵情要善於通過微小的細節把握深層的真相。作為領導者，既應該具備敏銳的眼光，從常人忽略的細節中洞察事物的真相，又要具有良好的領導素質，方可統率眾人。

兵非貴益多也，惟無武進[1]，足以並力[2]、料敵[3]、取人而已[4]。夫惟無慮而易敵者，必擒於人。卒未親附而罰之[5]，則不服，不服則難用也。卒已親附而罰不行，則不可用也。故合之以文[6]，齊之以武[7]，是謂必取。令素行以教其民，則民服；令不素行以教其民，則民不服。令素行者，與眾相得也。

注釋

1 武進：恃武冒進。
2 並力：合力，協力。
3 料敵：估量、判斷敵情。
4 取人：選擇人。
5 親附：親近擁護。
6 合：聚合，團結。原作「令」，據銀雀山漢墓竹簡本改。文：仁義恩惠。
7 齊：整治，治理。武：嚴厲刑罰。

譯文

兵力並不是越多越好，千萬不可恃武冒進，統帥做到集中兵力、正確判斷敵情並善於用人，即可取勝。那些考慮很不周密又輕視敵軍的人，一定會被俘。在取得下屬的擁護之前貿然施行處罰，他們不會心服，這就很難用於戰鬥。取得下屬擁護之後卻不按軍紀辦事，這樣的軍隊也不可用於戰鬥。因此，既要用仁義恩惠的手段團結全軍，也要用嚴厲刑罰的手段整治他們，這樣才能必然取勝。平時用軍紀嚴格要求士兵，士兵就會養成服從的習慣；反之，平時不嚴格要求，士兵就會養成不服從的習慣。平時能夠很好地執行命令，將士之間的關係就會十分融洽。

賞析與點評

嚴明軍紀免不了處罰違法的下屬，但前提是首先贏得他們的愛戴，否則就會適得其反，容易把他們推向敵人一方。優秀的領導者並非一味冷酷無情，而是注重天理、法制和人情的結合。

下卷

地形篇

本篇導讀——

《地形篇》主要論述了六種自然地形條件下的作戰原則。

本篇內容可分五個層次：一是把各種不同的地理形狀概括為六種，這六種地形對軍隊行動具有不同的影響，統帥要因地制宜，採用正確的處置方法。二是論述了六種造成軍隊失敗的情況，並認為這六種失敗主要是指揮失誤、內部混亂造成的。三是統帥要熟知地形，並能夠獨立決策，避免來自國君的干擾。四是統帥要處理好與士兵的關係，既悉心愛護，又嚴格管理。五是指出勝利的關鍵是全面掌握敵我雙方及各種地形情況。

本篇最富於啟發性的內容有兩點：一是要詳察地形和敵情，知己知彼、知天知地才能決勝千里之外；二是對待下屬要寬嚴適度，既要關心愛護又不可縱容惡習，這樣才能鑄造常勝之師。

孫子曰：地形有通者、有掛者、有支者、有隘者、有險者、有遠者[1]。我可以往，彼可以來，曰通。通形者，先居高陽[2]，利糧道[3]，以戰則利。可以往，難以返，曰掛。掛形者，敵無備，出而勝之，敵若有備，出而不勝，難以返，不利。我出而不利，彼出而不利，曰支。支形者，敵雖利我，我無出也，引而去之，令敵半出而擊之，利。隘形者，我先居之，必盈之以待敵[4]。若敵先居之，盈而勿從，不盈而從之。險形者，我先居之，必居高陽以待敵；若敵先居之，引而去之，勿從也。遠形者，勢均難以挑戰，戰而不利。凡此六者，地之道也，將之至任[5]，不可不察也。

注釋

1 通：通達。掛：阻礙。這裏指容易前進但遇敵後難以脱身返回的地形。支：雙方出兵均不利的地形。隘：出口狹窄的地形。險：險阻。遠：敵我雙方距離遠、來去都不便的地形。

2 高陽：指高而向陽之地。

3 糧道：運糧的道路。

4 盈：充足。

5 至任：重大職責。

譯文

孫子說：地形有「通」「掛」「支」「隘」「險」「遠」等六種：我軍可以去，敵軍也可以來的，叫通形。在通形地域作戰，應先佔據視野開闊的向陽高地，這樣就可以保持糧草供應的暢通，從而在戰爭中處於有利地位。可以進入，但難以退出的，叫掛形。在掛形地域作戰，如果敵軍沒有防備，進軍時就可以獲勝；一旦敵軍有所防備，進軍不能取勝，又難以撤軍，對我軍是非常不利的。我軍出擊不利，敵軍出擊也不利，叫支形。在支形地域作戰，敵軍即使用小利來誘使我軍出戰，一定不要出擊。可以引兵退卻，在敵軍出兵一半時突然回擊，對我軍最為有利。在隘形地域作戰，如果我軍先佔領了，就要配備足夠的兵力來把守，嚴陣以待；敵軍先佔領了，如果防守的兵力十分充足，就不要硬攻；如果防守兵力不足，就趁機攻佔它。在險形地域作戰，如果我軍先佔領了，要佔據制高點，靜待敵軍來犯；如果敵軍先佔領了，要引兵撤退，不要強攻。在遠形地域上作戰，敵我都沒有地形優勢，難以前出挑戰，勉強求戰是非常不利的。以上六條是利用地形的作戰原則，也是將帥的重大職責之所在，不可不認真考察。

賞析與點評

在與對手展開競爭時要快速搶佔有利地位，這往往意味着能夠佔據先機。面臨險境時，盡量尋找對手部署的缺陷，減少無謂的犧牲，把損失降到最小。

10.2

故兵有走者、有弛者、有陷者、有崩者、有亂者、有北者[1]。凡此六者，非天地之災，將之過也[2]。夫勢均，以一擊十，曰走；卒強吏弱，曰弛；吏強卒弱，曰陷；大吏怒而不服，遇敵懟而自戰[3]，將不知其能，曰崩；將弱不嚴，教道不明[4]，吏卒無常[5]，陳兵縱橫[6]，曰亂；將不能料敵，以少合眾，以弱擊強，兵無選鋒[7]，曰北。凡此六者，敗之道也，將之至任，不可不察也。

注釋

1 走：逃跑。弛：鬆弛。陷：陷落。崩：潰敗。亂：混亂。北：敗退。

2 過：過失、錯誤。

3 懟（duì）：怨恨。

4 教道：教導。

5 無常：變化不定。

6 縱橫：肆意橫行，無所顧忌。

7 選鋒：指挑選精鋭士兵組成突擊隊。

譯文

導致失敗的情況有六種，分別是逃跑、鬆弛、陷落、潰敗、混亂和敗退。這六種情況導致的失敗都不是自然災難，而是將帥指揮失當所造成的。敵我勢均力敵，但戰鬥時我方卻以一擊十，這種結果容易導致逃跑；士卒強悍、將吏怯弱，這種情況容易導致鬆弛；相反，將吏強悍，士卒怯弱，這種情況容易導致全軍陷落；偏將們非常強勢，不服從調遣，遇到敵軍就憤而決戰，主帥又不了解他們的能力，這種情況容易導致潰

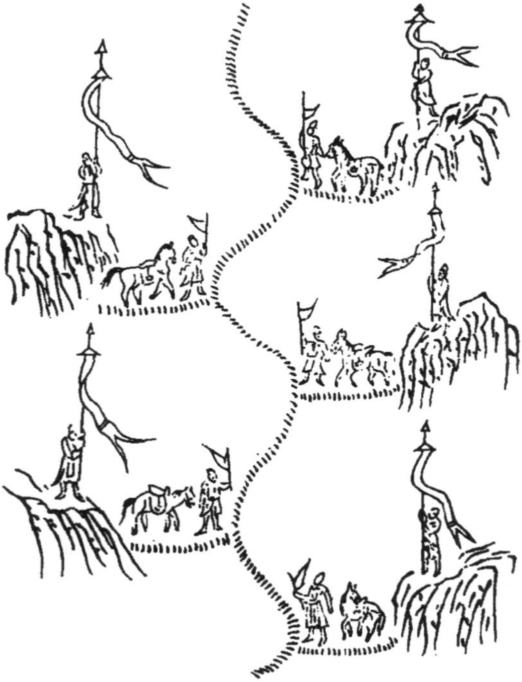

搜奸摘伏圖

敗；主帥懦弱，對部下缺乏教導，部下行動變化不定，兵力陳設肆意橫行，這種情況容易導致混亂；主帥不能正確判斷敵情，做不到以少勝多，以虛勝強，也不會選拔出精銳的先鋒部隊，這種情況容易導致敗退。以上是導致失敗的六種情況，也是將帥最重要的職責，不能不仔細研究啊！

賞析與點評

領導者能否正確履行職責直接決定着勝負，如果要避免失敗，領導者就要培養下級的服從精神，要嚴肅規章制度，還要合理調配人力資源。

10.3

夫地形者，兵之助也。料敵制勝，計險阨[1]、遠近，上將之道也。知此而用戰者必勝，

不知此而用戰者必敗。故戰道必勝[2]，主曰無戰，必戰可也；戰道不勝，主曰必戰，無戰可也。故進不求名，退不避罪，唯民是保[3]，而利合於主[4]，國之寶也。

注釋

1 險阨（è）：指險要阻塞之地。

2 戰道：戰爭的規律或法則。

3 唯民是保：只是為了保全民眾。

4 利合於主：有利於國君。合，符合。

譯文

地形是用兵的輔助條件。高明的將領能夠正確判斷敵情，制訂恰當的作戰計劃，還能考察地形的險易和路程的遠近。指揮作戰時懂得這些定能立於不敗之地，否則只能一敗塗地。因此，如果具備了勝利的必要條件，即使國君主張不要用兵，也可以堅持去打；如果不具備勝利的必要條件，即使國君主張用兵，一定堅持不要去打。將帥積極進兵不是貪求戰勝的功名，消極避敵不是迴避罪責，一切都是為了保全民眾和有利於國君。這樣的將帥真是國家最寶貴的財富啊！

賞析與點評

將帥要以保全民眾生命為己任，以維護國家利益為準則。優秀的領導者，固然要有優秀的才能，還要注重品德的提高。

10.4

視卒如嬰兒，故可與之赴深谿[1]；視卒如愛子，故可與之俱死。厚而不能使[2]，愛而不能令，亂而不能治，譬若驕子[3]，不可用也。

注釋

1 深谿：深谷。

2 厚：厚待。使：使用。

3 驕子：嬌貴、寵愛之子。驕，通「嬌」。

譯文

對待士卒就像對待自己的嬰兒一樣，他們就願意與主帥赴湯蹈火；對待士卒就像對待自己的愛子一樣，他們就願意與主帥同生共死。但是，一味厚待卻不能使用，一味溺愛卻不加教育，違犯了軍紀也不加懲治，這樣的士卒就像被寵壞的孩子，不能用於作戰。

賞析與點評

領導者對待下屬要寬容愛護，關心他們的衣食冷暖，同時又不能違反相關的規章制度，做到賞罰有度，寬嚴結合，從而維持較好的上下級關係。

知吾卒之可以擊，而不知敵之不可擊，勝之半也；知敵之可擊，而不知吾卒之不可以擊，勝之半也；知敵之可擊，知吾卒之可以擊，而不知地形之不可以戰，勝之半也。故知兵者，動而不迷[1]，舉而不窮[2]。故曰：知彼知己，勝乃不殆[3]；知天知地，勝乃不窮。

注釋

1 動：行動。迷：迷亂。

2 舉：興起，發動。不窮：無盡。

3 殆：危險。

譯文

只知道我們的軍隊可以出擊，卻不知道敵軍不可以攻打，取勝的把握只有一半；只知道敵軍可以攻打，卻不知道我軍不能夠出擊，取勝的把握只有一半；知道敵軍可以攻打，也知道我軍可以出擊，卻不了解地形條件並不利於作戰，取勝的把握只有一半。

因此，懂得用兵的將帥，行動起來就不會迷失目標，發起的行動能夠變化無窮。所以說：既了解敵人又了解自己，就會取得勝利而不會遇到危險；既了解天氣又了解地形，就能有全勝的把握。

賞析與點評

這是孫子思想的精華，也是常勝的秘訣。百戰百勝取決於「全知」，「全知」包括洞悉雙方士兵的武器裝備、訓練程度和精神面貌，還要了解天氣和地形，知道如何因地制宜，部署兵力，從而立於不敗之地。

九地篇

本篇導讀——

《九地篇》主要論述了九種作戰地域對勝負的影響及其應該採取的措施。「地」不同於《地形篇》中的自然地理形狀，此指戰略地理環境。

本篇內容可分為七個層次：一是從戰略角度可以把作戰地域分為散地、輕地、爭地、交地、衢地、重地、圮地、圍地和死地等九種，不同的地域應該採取相應的措施。二是不管是何種地域，用兵的關鍵是兵貴神速，攻敵不備。三是在敵國作戰時士兵能夠視死如歸、團結一致，戰鬥力會更加強大。四是統帥應當獨立做出決策，使下屬和敵方都難以預測。五是明察九地利害及其作戰規律。六是通過破格的獎勵激發軍隊的戰鬥力。七是要嚴守機密，從而保證突襲行動的效果。

本篇最富於啟發性的內容有三個方面：首先是因地制宜，根據不同情況採取相應的措施。其次講究速度，做到攻敵不備。此外，要充分調動下屬的潛力，使他們能夠發揮出最大的能量。

孫子曰：用兵之法，有散地，有輕地，有爭地，有交地，有衢地，有重地，有圮地，有圍地，有死地[1]。諸侯自戰其地，為散地；入人之地而不深者，為輕地；我得則利，彼得亦利者，為爭地；我可以往，彼可以來者，為交地；諸侯之地三屬[2]，先至而得天下之眾者，為衢地；入人之地深，背城邑多者[3]，為重地；行山林、險阻、沮澤[4]，凡難行之道者，為圮地；所由入者隘，所從歸者迂，彼寡可以擊吾之眾者，為圍地；疾戰則存[5]，不疾戰則亡者，為死地。是故散地則無戰，輕地則無止，爭地則無攻，交地則無絕，衢地則合交[6]，重地則掠[7]，圮地則行，圍地則謀，死地則戰。

注釋

1 散地：在自己領地內作戰，士卒在危急時容易逃亡離散，故稱。輕地：進入敵人的領地較淺的地區。爭地：雙方必然爭奪的險要之地。交地：道路交錯，交通方便的地區。衢（qú）地：各國相毗鄰的要衝。重地：敵人內部的地方。圮（pǐ）地：難於通行的地方。圍地：出入通道狹窄，易被敵人圍攻之地。死地：絕境。

2 三屬：三國交界的地方。

3 背：離開。

4 沮（jù）澤：水草叢生的沼澤地帶。

5 疾戰：迅速決戰。

6 合交：結交。

7 掠：掠取。

譯文

孫子說：用兵的法則是：要研究利用地區條件。地區條件有散地、輕地、爭地、交地、衢地、重地、圮地、圍地、死地等九類。諸侯在自己國土上作戰，士兵容易逃散，叫散地；已進入敵國但不深入，容易返回，叫輕地；敵我雙方誰佔領誰得利，必然相爭的地區，叫爭地；我軍可以往，敵軍可以來的道路縱橫的地區，叫交地；與眾多諸侯國相鄰，先到達就可以得到鄰國援助的地區，叫衢地；深入敵境，隔着眾多城池，難以返回，叫重地；凡是山林、險阻、湖泊、沼澤這類難以通行的地區，叫圮地；進入的道路狹隘，後退的道路迂遠，敵人用少量兵力能夠打敗我大量軍隊，這樣的地區叫做「圍地」；迅速決戰則能生存，稍微遲緩就全軍覆沒的地區，叫死地。因此，在散地不要作戰；在輕地不可停留；遇到爭地應搶先佔據，如果敵軍已經佔領，不要強行進攻；在交地不要被敵軍截斷聯繫；在衢地要結交鄰邦；在重地要掠奪糧草充實軍隊；經圮地要迅速通過；陷入圍地要巧設計謀，力爭突圍；處於死地要拚搏奮戰，死裏求生。

賞析與點評

孫子對各種地形的論述有兩點特別具有現實意義：一是要善於搶佔有利地形，但如果失去先機要努力自保；二是處於危境時要善於尋找不合常規的解決方法，沒有退路時要有拚死力搏的勇氣。

所謂古之善用兵者，能使敵人前後不相及[1]，眾寡不相恃[2]，貴賤不相救，上下不相收[3]，卒離而不集，兵合而不齊。合於利而動，不合於利而止。敢問：「敵眾整而將來，待之若何？」曰：「先奪其所愛，則聽矣。」兵之情主速[4]，乘人之不及，由不虞之道[5]，攻其所不戒也。

注釋

1 及：策應、聯絡。
2 恃：依靠、支援。
3 收：聚集、收攏。
4 情：情理。主：崇尚、注重。
5 虞：預料。

譯文

古代善於用兵的人，能使敵人的前軍後軍不能相互策應配合，主力與小分隊不能相互依靠並協同作戰，官兵之間不能相互救援，上下級失去聯繫而無法收攏，士卒潰散而難於集中，集中起來陣形也很混亂。情況對我軍有利就行動，無利就停止。請問：「如果敵軍向我逼進時數量眾多且陣勢嚴整，如何應戰呢？」回答是：「先奪取敵軍的要害之處，敵軍自然就乖乖地聽從我們的擺佈了。」用兵作戰崇尚神速，要乘敵軍來不及防備的時候，從敵軍意想不到的道路去攻擊敵軍沒有戒備的地方。

賞析與點評

正所謂先下手為強，後下手遭殃。作戰時如果能夠先敵部署、先敵展開兵力、先敵進行攻擊，自然就容易取得戰爭的主動權。猶豫彷徨不僅會喪失戰機，而且可能會被對手所利用。

凡為客之道[1]，深入則專[2]，主人不克[3]；掠於饒野[4]，三軍足食。謹養而勿勞，並氣

積力[5]。運兵計謀，為不可測。投之無所往[6]，死且不北[7]。死焉不得，士人盡力。兵士甚陷則不懼[8]，無所往則固，深入則拘[9]，不得已則鬥。

注釋

1 客：進入別的國家。

2 專：專一，團結一致。

3 克：戰勝。

4 饒野：富饒的田野。

5 並：合併，提高。積：積蓄。

6 往：逃亡。

7 北：敗退。

8 甚陷：深陷危險之中。

9 拘：束縛。引申為凝聚力更強。

譯文

在敵國作戰時的用兵規律是：深入敵境後，士兵們視死如歸，團結一致，敵人就難以戰勝我軍。在豐饒的田野上掠奪糧草，全軍就有了充足的給養。注意休整部隊，不使士兵過分疲勞，要提高士氣，養精蓄鋭。在部署兵力時巧設計謀，使敵軍無法判斷真相。然後，把軍隊置於無路可走的境地，這樣士兵們決不會敗逃而會死戰到底。士兵們連死都不怕了，自然就會拚死作戰了。深陷危險時就不會害怕，無路可逃時軍心反而穩固，深入敵國後凝聚力更強，迫不得已時就會死戰。

賞析與點評

身處逆境時，一旦拋開幻想或怯懦，反而能夠激發出更大的能量，最終走出困境，迎來輝煌。

是故其兵不修而戒[1]，不求而得，不約而親，不令而信[2]，禁祥去疑[3]，至死無所之。吾士無餘財，非惡貨也[4]；無餘命，非惡壽也。令發之日，士卒坐者涕沾襟，偃臥者涕交頤[5]，投之無所往者，諸、劌之勇也[6]。

注釋

1 修：儆戒。戒：戒備。
2 令：申令。信：信從。
3 祥：妖異。引申為迷信。
4 惡（wù）：厭惡。
5 偃（yǎn）：仰臥。頤：下巴。
6 諸：專諸，春秋時刺客，吳國人，曾刺殺吳王僚。劌（guì）：曹劌，春秋時魯人，曾以勇力劫持齊桓公。

譯文

因此，這樣的軍隊不用儆戒就會加強戒備，不用鼓動就會奮力死戰，不加約束就會親密團結，不用三令五申就會服從紀律。禁止迷信，消除疑慮，士兵至死也不會潰散。士兵們沒有多餘的錢財，並不是厭惡錢財；無人貪生怕死，並不是不想活命。當作戰命令下達之後，坐着的士兵淚濕衣襟，仰面躺着的士兵淚流滿面。這樣，置之無路可退的境地，他們都會成為專諸、曹劌那樣視死如歸的勇士了。

11.5

故善用兵者，譬如率然[1]。率然者，常山之蛇也[2]。擊其首則尾至，擊其尾則首至，擊其中則首尾俱至。敢問：「兵可使如率然乎？」曰：「可。」夫吳人與越人相惡也，當其同舟而濟遇風[3]，其相救也如左右手。是故方馬埋輪[4]，未足恃也；齊勇若一[5]，政之道也；剛柔皆得，地之理也。故善用兵者，攜手若使一人，不得已也。

注釋

1 率然：傳說中的一種蛇。

2 常山：即恆山，在今河北省曲陽縣西北與山西接壤處。

3 濟：渡河。

4 方馬埋輪：拴起戰馬，埋住車輪。比喻擺好決一死戰的陣勢。

5 齊勇：齊心奮勇。

譯文

所以，善於用兵的人，用兵就像「率然」那樣靈活協調。所謂「率然」，就是常山之蛇。這種蛇打牠的頭，尾就來救應；打牠的尾，頭就來救應；打牠的中部，首尾都來救應。請問：「軍隊可以做到像『率然』這樣嗎？」回答說：「可以的。」吳國人和越國人相互仇視，當他們同舟過江時，遇到大風就相互救援，好像一個人的左右手一樣。因此，將戰馬並排拴好，把車輪埋起來，想以此穩定軍隊是靠不住的。能使士兵團結一致奮勇殺敵，這才是治理軍隊的方法；使強者和弱者都能發揮作用，這才是利用地形的方法。所以說，善於用兵的人能夠使全軍團結一致，指揮大軍就像指揮一個人一樣，這是他們不得不這樣做啊。

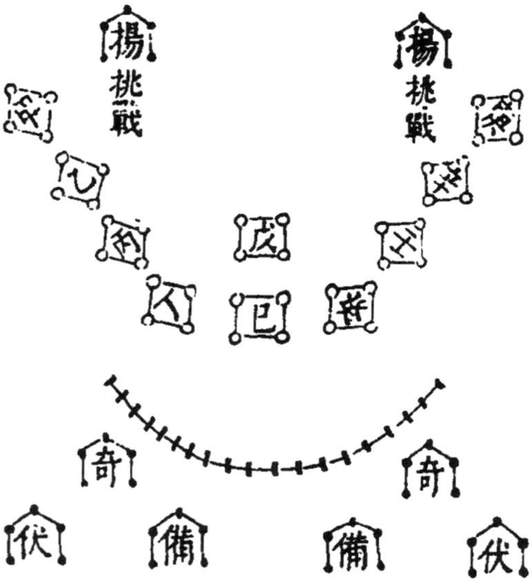

常山蛇陣

賞析與點評

如果能做到前後呼應、步調一致，就會形成巨大的合力；反之，相互掣肘，彼此孤立，就會造成力量的分散，難免被敵人擊敗。

11.6

將軍之事，靜以幽[1]，正以治[2]。能愚士卒之耳目，使之無知；易其事[3]，革其謀[4]，使人無識；易其居，迂其途，使人不得慮。帥與之期，如登高而去其梯；帥與之深入諸侯之地，而發其機[5]。焚舟破釜[6]，若驅群羊，驅而往，驅而來，莫知所之。聚三軍之眾，投之於險，此謂將軍之事也。九地之變，屈伸之利[7]，人情之理，不可不察也。

注釋

1 靜：沉着冷靜。幽：幽深莫測。

2 正：嚴肅正直。治：有規矩，嚴整。

3 易：改變。事：戰術。

4 革：更換。謀：計謀。

5 機：古代弩上發箭的裝置。

6 破釜（fǔ）：把鍋打破。

7 屈伸：進退。

譯文

將軍行事，要沉着冷靜又幽深難測，嚴肅正直又條理嚴整。還要保守軍事秘密，能蒙蔽士兵的耳目，讓他們對軍事計劃一無所知。要經常改變戰術，更換計謀，讓別人無法識破。要經常改變駐地和行軍路線，讓別人無法預料。主帥帶領士兵與敵人如期展開決戰時，就像登上高處而抽去梯子，使他們只能進而不能退；帶領士兵深入敵國境內時，就像射出的弓箭，使他們一往無前。破釜沉舟，誓死決戰時，調動士兵要像驅趕羊群一樣，趕過來趕過去，使他們不知道要往哪裏去。把全軍部署在沒有退路的險惡之地，這就是將帥的責任。因此，各種作戰地區的變化，攻守進退的利害，官兵的精神狀態，都不得不認真考慮啊。

賞析與點評

軍情急迫，遇事就向上級請示或與下級討論，就無法應付瞬息萬變的戰場形勢。

11.7

凡為客之道，深則專，淺則散。去國越境而師者，絕地也；四達者，衢地也；入深者，重地也；入淺者，輕地也；背固前隘者，圍地也；無所往者，死地也。是故散地，吾將一其志[1]；輕地，吾將使之屬[2]；爭地，吾將趨其後[3]；交地，吾將謹其守；衢地，吾將固其結[4]；重地，吾將繼其食；圮地，吾將進其途；圍地，吾將塞其闕[5]；死地，吾將示之以不活。故兵之情：圍則禦[6]，不得已則鬥，過則從[7]。

注釋

1 一：統一。志：意志。

2 屬（zhǔ）：聯接。

3 趨其後：在後面快跑，以便超過敵軍。

4 固：鞏固。結：結合，結盟。

5 闕（quē）：缺口。

6 禦：抵禦。

7 過：過分，這裏指深陷險境。

譯文

進入敵國時的用兵規律是：進入敵境越深，軍心就越專一；進入敵境越淺，軍心就越渙散。離開本國而越境出戰，就是進入「絕地」；四通八達，就是「衢地」；深入敵境，就是「重地」；淺入敵境，就是「輕地」；背靠險阻前臨隘口，就是「圍地」；無路可走的，就是「死地」。處於「散地」時，要統一全軍意志；在「輕地」時，兵力部署要聯接在一起；在「爭地」時，要迅速進兵，先於敵軍到達；在「交地」時，要謹慎防守；在「衢地」時，要鞏固與其他國家的同盟；在「重地」時，要保障軍隊的給養；在「圮地」時，要迅速通過；在「圍地」時，要堵住缺口；在「死地」時，要展示出決心死戰的精神。士兵通常的心理是：陷入包圍就會抵禦，迫不得已就會拚力死戰，深陷險境就會服從指揮。

賞析與點評

孫子關於「過則從」的論述頗具有現實意義。人們陷入困境時難免驚慌失措，作為領導者，要具有大智大勇和決斷魄力，能夠帶領大家脱離困境。

是故不知諸侯之謀者，不能預交；不知山林、險阻、沮澤之形者，不能行軍；不用鄉導者，不能得地利[1]。四五者不知一[2]，非霸王之兵也[3]。夫霸王之兵，伐大國，則其眾不得聚；威加於敵，則其交不得合[4]。是故不爭天下之交，不養天下之權[5]，信己之私[6]，威加於敵，故其城可拔[7]，其國可隳[8]。

注釋

1 這幾句話見於本書《軍爭篇》，疑為衍文。
2 四五者：指本篇所言九地的利害。
3 霸王：霸主，諸侯之長。
4 交：朋友，這裏指盟國。合：聯合。
5 養：恣縱，助長。權：霸權。
6 信（shēn）：通「伸」。伸張。私：私情，意圖。
7 拔：攻取。
8 隳（huī）：毀壞，滅亡。

譯文

因此，不了解對方的企圖，不要準備與其交戰。不知道山林、險阻、沼澤等各種地形條件，不可貿然進軍；不使用嚮導，就很難得到地利。對九種戰略地形的利害如果有一方面不了解，就算不上可以稱霸諸侯的軍隊。所謂稱霸的軍隊，討伐大國時，大國的軍隊根本來不及集中；兵威加於敵人，即使是盟國也不敢與他聯合。所以，不必急於結交其他諸侯國，也不必助長天下的霸權，只是按照自己的意圖行事，把兵威加在敵人頭上，就能夠攻取他們的城池，滅亡他們的國家。

11.9

施無法之賞[1]，懸無政之令[2]。犯三軍之眾[3]，若使一人。犯之以事，勿告以言；犯之以利，勿告以害。投之亡地然後存，陷之死地然後生。夫眾陷於害，然後能為勝敗[4]。

注釋

1 無法：不守常法，破格。

2 懸：公佈。無政：不守常政。

3 犯：值得。

4 勝敗：即勝，偏義複詞。

譯文

要施行破格的獎賞，公佈非同尋常的命令。讓三軍都覺得值得去做，就會像使用一人那樣容易。讓士兵覺得這件事值得去做，不必講更多的理由；讓士兵覺得有利而值得去做，不必給他們說明危害。把士兵投入到「亡地」作戰才能保存，陷入「死地」才能得生。總之，部隊陷入危險的境地，才能奮死決戰，從而取得勝利。

賞析與點評

要想真正調動士兵的積極性，讓每個人都做到拚死決鬥，奮勇殺敵，就需要豐厚的獎勵，甚至可以突破常規。

11.10

故為兵之事，在順詳敵之意[1]，並敵一向[2]，千里殺將，此謂巧能成事者也。是故政舉之日[3]，夷關折符[4]，無通其使，厲於廊廟之上[5]，以誅其事[6]。敵人開闔[7]，必亟入之[8]，先其所愛，微與之期[9]，踐墨隨敵[10]，以決戰事。是故始如處女[11]，敵人開戶[12]；後如脫兔[13]，敵不及拒。

注釋

1 順詳：謹慎仔細地審察。順，通「慎」。

2 並：集中兵力。一向：朝着一個目標或一個方向。

3 舉：興起，發動。

4 夷關：閉關，封鎖關口。折符：毀去通行憑證。符，古代作為憑證的牌子。
5 厲：通「礪」，揣摩，研究。廊廟：朝廷。
6 誅：治理，引申為決定。
7 開闔（hé）：指用兵的間隙和疏漏。
8 亟（jí）：疾速。
9 微：不。
10 踐墨：遵守法度，按照規矩。墨，規矩。
11 處女：指未出嫁、未曾有過性行為的女子。比喻行動沉靜。
12 開戶：打開房門。比喻不加防備。
13 脱兔：脱逃之兔。比喻行動迅疾。

譯文

因此，用兵作戰在於縝密地審察敵軍作戰意圖，然後集中兵力對準敵人一個方向發動進攻，即使千里奔襲也能殺其大將，這就是巧妙用兵，能成大事。所以，作戰大事一旦確定，就要封鎖關口，廢除通行憑證，禁止敵人的使節來往。在朝廷裏仔細研究，以決定作戰計劃。敵人有隙可乘，就疾速乘虛而入。先攻取敵人的要害之處，不跟敵人約期作戰，實施作戰計劃要隨着敵情的變化而不斷加以改變，借以解決戰爭中的勝負問題。因此，作戰開始前要像未婚女子一樣沉靜，使敵人放鬆戒備；戰鬥打響後要像脱逃之兔一樣迅捷，讓敵人來不及抵禦。

賞析與點評

在不同階段採取相應的行動措施，方能取得最大戰果。

火攻篇

本篇導讀——

《火攻篇》主要論述了火攻的種類、實施條件和具體方法。

本篇內容可分三層：一是論火攻有火人、火積、火輜、火庫和火隊等五種方式，實施火攻需要氣候乾燥和多風這兩個條件。二是實施火攻時有相應的配合的手段，要做到內外呼應、靜而勿攻、把握時機、無攻下風和掌握風向規律，這樣才能發揮火攻的巨大威力。三是要認識到戰爭的危害，慎重對待戰爭。

《火攻篇》啟發我們要善於把握一些特殊措施的使用時機，這樣才能發揮它們最大的功用。同時，孫子又重新強調了戰爭的殘酷性，提醒主帥不要輕率地做出重大決斷。

孫子曰：凡火攻有五：一曰火人[1]，二曰火積[2]，三曰火輜[3]，四曰火庫[4]，五曰火隊[5]。行火必有因[6]，煙火必素具[7]。發火有時，起火有日。時者，天之燥也。日者，月在箕、壁、翼、軫也[8]。凡此四宿者，風起之日也。

注釋

1 火人：以火燒人。指燒殺敵軍。

2 火積：焚燬敵方的儲備。

3 火輜：焚燬敵方運輸中的後勤物資。

4 火庫：焚燒敵方兵庫。

5 火隊：焚燒敵方隊伍，以亂其行陣。

6 因：條件。

7 素：平素。

8 箕、壁、翼、軫：二十八宿（xiù）中的四個星宿，古人認為月亮經過這四個星宿時，就會颳風。

譯文

孫子說：火攻方式一共有五種：一是以火燒人，燒殺敵軍；二是火燒儲備，燬敵糧草；三是火燒輜重，燬敵財貨；四是火燒裝備，燬敵兵庫；五是火燒道路，亂敵行陣。火攻離不開一定的條件，火攻器材平素就要準備好。實行火攻時要看準天時，並選準日期。天時指氣候乾燥的季節，日期是月亮運行到箕、壁、翼、軫四個星宿的時候。月亮行經這四個星宿時，就是起風的日子。

賞析與點評

實施某項計劃時，要注意調動相關積極因素和計劃完成的客觀條件，從而收到事半功倍的效果。

火船

凡火攻，必因五火之變而應之：火發於內，則早應之於外；火發兵靜者，待而勿攻，極其火力，可從而從之[1]，不可從則止；火可發於外，無待於內[2]，以時發之；火發上風，無攻下風；晝風久，夜風止。凡軍必知有五火之變，以數守之[3]。故以火佐攻者明，以水佐攻者強。水可以絕[4]，不可以奪[5]。

注釋

1 從：跟從。這裏指進攻。

2 內：內應。

3 數：道數，方法。這裏指火攻的規律。守：奉行，恪守。

4 絕：隔斷。

5 奪：奪取。

譯文

凡是火攻，必須根據五種不同條件的變化來恰當地部署兵力。在敵人營寨內放火，要事先在外邊安排接應。火燒起後，敵軍仍然保持鎮靜，就耐心等待不要攻打。讓火勢盡量燃燒，如果能進攻就進攻，不能進攻就收兵。火也可以從敵軍營寨外面放，此時就不需要內應，只要把握好時機就可以了。火在上風頭放，不能從下風頭進攻。白天風颳久了，晚上風就會停下來。用兵作戰一定要洞曉這五種火攻條件的各種變化，並恪守火攻的規律。因此，用火來輔助進攻，致勝的效果就更加明顯；用水來輔助進攻，兵勢就顯得更加強大。水只能把敵軍隔斷，卻不能摧毀敵軍的輜重財貨。

賞析與點評

在實施某項計劃時要抓住有利時機，認真考慮計劃成功所需要的客觀條件，還要根據情況變化及時作出調整，這樣才能實現目標。

夫戰勝攻取而不修其功者[1]，凶，命曰費留[2]。故曰：明主慮之，良將修之。非利不動，非得不用，非危不戰。主不可以怒而興師，將不可以慍而致戰。合於利而動，不合於利而止。怒可以復喜，慍可以復說[3]，亡國不可以復存，死者不可以復生。故明君慎之，良將警之。此安國全軍之道也。

注釋

1 修：修治，引申為鞏固。

2 費留：即「費留命」，指未能抓住機會，一生顛沛潦倒。這裏指沒有把握住勝利機會。一說，為惜費而不及時論功行賞。

3 慍（yùn）：怨憤。說（yuè）：喜悅。

譯文

戰勝之後，拔城奪寨，卻不能鞏固戰果，非常不吉利，這種情況就是沒有把握住勝機。所以說：賢明的君主應當慎重考慮戰爭，優良的將領應當精心研究戰爭。沒有利益就不要行動，沒有把握就不要用兵，不到危急緊迫之時就不開戰。國君不可因一時惱怒而出兵，將帥不可因一時怨憤而開戰。符合國家利益才開戰，不符合國家利益則不要開戰。惱怒之後可以恢復歡喜，怨憤之後可以變得高興，但國家滅亡之後難以恢復，人死之後難以復生。所以說英明的君主對戰爭非常慎重，優良的將領對戰爭非常警惕，畢竟戰爭是保全國家和軍隊的關鍵啊！

賞析與點評

盲目開戰，所造成的損失有時很難彌補。在做出重大決策時，最好集思廣益並客觀全面地權衡利弊之後再確定，避免盲目衝動所帶來的惡果。

用間篇

本篇導讀——

《用間篇》主要論述了戰爭中如何運用間諜的問題，包括如何對間諜進行分類，為甚麼「反間」特別重要，使用間諜時有哪些注意事項等等。

本篇內容可分為五層：一是使用間諜有助於預先掌握敵情，花費較小的代價得到較大的戰果。二是間諜可以分為因間、內間、反間、死間和生間等五種。三是使用間諜要做到信任、厚賞和機密。四是發動戰爭前要使用間諜了解敵情，間諜中反間的作用最為重要。五是間諜要用上智之人來擔任，才能取得巨大成功。

孫子曰：凡興師十萬，出征千里，百姓之費，公家之奉[1]，日費千金。內外騷動，怠於道路[2]，不得操事者[3]，七十萬家。相守數年[4]，以爭一日之勝，而愛爵祿百金[5]，不知敵之情者，不仁之至也[6]。非人之將也，非主之佐也，非勝之主也。

注釋

1 奉：供應，供養。

2 怠：疲憊，困倦。

3 操：操作。事：事務，這裏指生產勞動。

4 相守：互相對峙，不分勝負。

5 愛：吝惜。爵：爵位。祿：俸祿。

6 不仁：無仁厚之德，殘暴。

譯文

孫子說：當組織十萬大軍千里出征時，百姓的耗費和國家的供應每天多達千金。國家內外騷動不安，百姓們疲倦地長途奔波運輸物質，為此不能正常從事生產勞動的有七十萬家。兩軍相持數年，就是為了爭取最後勝利的那一天。由於吝惜爵位和金錢，對間諜不知道重重賞賜，由此導致不了解敵情而失敗，這就是最不仁厚的人。他們算不上士兵的好統帥，也算不上國君好助手，更不是勝利的主宰者。

13.2

故明君賢將所以動而勝人[1]，成功出於眾者[2]，先知也。先知者，不可取於鬼神[3]，不可象於事[4]，不可驗於度[5]，必取於人，知敵之情者也。

注釋

1 動：行動，這裏指出兵。

2 出：高出，超出。

3 取：求。

4 象：徵兆，跡象。

5 驗：驗證。度：星辰運行的度數。

譯文

因此，那些英明的國君和賢良的將帥之所以能夠一出兵就戰勝敵人，所建立的功業超出眾人，就在於他們事先知道敵情。要事先了解敵情，既不可通過祈禱求於鬼神，也不可通過占卜求得徵兆，更不可用夜晚觀看星辰運轉的度數來尋求，一定要依靠那些了解敵人內部情況的人，這就是間諜。

賞析與點評

兵者詭道，優秀的領導者要善於培養間諜了解對手情況，同時也要做好防範工作，避免間諜造成己方機密的洩露。

故用間有五：有因間，有內間，有反間，有死間，有生間。五間俱起，莫知其道，是謂神紀[1]，人君之寶也。因間者，因其鄉人而用之；內間者，因其官人而用之；反間者，因其敵間而用之；死間者，為誑事於外[2]，令吾間知之而傳於敵國也；生間者，反報也[3]。

注釋

1 神紀：神妙的綱領。

2 誑：謊話，假情報。

3 反報：返回報告情況。反，通「返」。

譯文

使用間諜有五種，分別是因間、內間、反間、死間和生間。這五種間諜同時使用，敵人就很難洞悉我們使用間諜的規律，這就是用兵最神妙的大綱要領，也是國君制勝的法寶。因間就是利用敵國鄉民做間諜；內間就是利用敵國官吏做間諜；反間就是收買敵軍間諜，為我所用；死間就是向外編造假情報，通過我方間諜傳給敵人，讓敵人上當受騙；生間就是潛入敵軍完成任務後又能活着回來報告情報的人。

賞析與點評

間諜是制勝的法寶。間諜的方式多種多樣，要精心使用，使對手防不勝防。

13.4

故三軍之事，莫親於間[1]，賞莫厚於間，事莫密於間。非聖智不能用間[2]，非仁義不能使間[3]，非微妙不能得間之實[4]。微哉微哉！無所不用間也。間事未發而先聞者，間與所告者皆死。凡軍之所欲擊，城之所欲攻，人之所欲殺，必先知其守將、左右、謁者、門者、舍人之姓名，令吾間必索知之[5]。

注釋

1 親：信任。

2 聖智：非凡的道德智慧。

3 仁義：仁愛正義。

4 微妙：精細巧妙。

5 索：探求。

譯文

在軍隊中，沒有人比間諜更值得信任，沒有人比間諜更值得厚賞，沒有事情比用間諜更加機密。不具有非凡的道德智慧，就不能使用間諜。不具有仁愛正義的品質，也不能使用間諜。不經過精細巧妙的思考，就不能獲取間諜情報中的真實情況。微妙啊！微妙啊！沒有哪個地方不用間諜！間諜工作尚未展開已經有人知道，知情者都要殺掉。對於我軍即將攻擊的軍隊，想要奪取的城池、想要殺掉的人員，一定要事先知道守城的將領、身邊的親信、負責傳達通報的奴僕、守門人員和門客的姓名，我方間諜一定要偵察得知。

賞析與點評

由於間諜工作是在敵方展開，帶來的效益非常巨大，以及間諜人員所冒的巨大風險，需要領導者的信任，也需要保密來保護他們的安全。

13.5

必索敵人之間來間我者，因而利之[1]，導而舍之[2]，故反間可得而用也；因是而知之，故鄉間[3]、內間可得而使也；因是而知之，故死間為誑事，可使告敵；因是而知之，故生間可使如期[4]。五間之事，主必知之，知之必在於反間，故反間不可不厚也。

注釋

1 因：利用。利：利誘。

2 導：開導。舍：釋放。

3 鄉間：即上文所言因間。

4 如期：按照約定的期限。

譯文

必須查明敵軍派來偵察我軍的間諜，通過重金利誘來利用他，開導之後把他釋放回去，這樣就成為反間，為我所用了。依靠反間那裏獲得的敵情，就可以獲得鄉間和內間，為我所用了。依靠反間那裏獲得的敵情，可以派死間編造假情報來欺騙敵人。依靠反間那裏獲得的敵情，生間就可以按照約定的期限返回了。五種間諜的使用，國君一定要知道，並知道關鍵在於反間，所以對於反間一定要優厚地獎賞。

賞析與點評

堡壘最容易從內部攻破，領導者要不惜代價培育反間，也要做好防範工作，避免我方間諜被人所用。

昔殷之興也[1]，伊摯在夏[2]；周之興也，呂牙在殷[3]。故惟明君賢將，能以上智為間者[4]，必成大功。此兵之要，三軍之所恃而動也。

注釋

1 殷：商朝。

2 伊摯：即伊尹，商湯大臣。夏：夏朝。

3 呂牙：即姜子牙。他的祖先封於呂，名牙，故叫「呂牙」，又名姜尚。在殷：姜子牙曾是商朝的臣子。

4 上智：指大智之人。

譯文

從前，商朝的興起是由於開國元老伊尹曾擔任夏朝之臣；周朝的興起是由於姜子牙曾為商紂王之臣。因此，英明的君主和賢良的將帥能用大智之人充當間諜，必然能建立巨大的功業。這是用兵的要點，軍隊要依靠間諜的情報來決定如何行動。

賞析與點評

間諜應當具備超人的才智，應該是極為優秀的人才。用間也決非正人君子所不齒的小人行徑。

附錄

史記・孫子本傳

原文

孫子武者，齊人也。以兵法見於吳王闔閭。闔閭曰：「子之十三篇，吾盡觀之矣，可以小試勒兵乎？」對曰：「可。」闔閭曰：「可試以婦人乎？」曰：「可。」

於是許之，出宮中美女，得百八十人。孫子分為二隊，以王之寵姬二人各為隊長，皆令持戟。令之曰：「汝知而心與左右手背乎？」婦人曰：「知之。」孫子曰：「前，則視心；左，視左手；右，視右手；後，即視背。」婦人曰：「諾。」約束既布，乃設鈇鉞，即三令五申之。於是鼓之右，婦人大笑。

孫子曰：「約束不明，申令不熟，將之罪也。」復三令五申。而鼓之左，婦人復大笑。孫子曰：「約束不明，申令不熟，將之罪也；既已明而不如法者，吏士之罪也。」乃欲斬左右隊長。

吳王從臺上觀，見且斬愛姬，大駭。趣使使下令曰：「寡人已知將軍能用兵矣。寡人非此二姬，食不甘味，願勿斬也。」孫子曰：「臣既已受命為將，將在軍，君命有所不受。」遂斬隊長二人以徇。用其次為隊長，於是復鼓之。婦人左右前後跪起皆中規矩繩墨，無敢出聲。

於是孫子使使報王曰：「兵既整齊，王可試下觀之，唯王所欲用之，雖赴水火猶可也。」吳王曰：「將軍罷休就舍，寡人不願下觀。」孫子曰：「王徒好其言，不能用其實。」於是闔閭知孫子能用兵，卒以為將。西破強楚，入郢，北威齊晉，顯名諸侯，孫子與有力焉。

（《史記》卷六十五）

譯文

孫子名武，齊國人。憑藉精通兵法受到吳王闔閭的接見。闔閭說：「你的十三篇兵法，我都看過了，能否當面操練一番呢？」孫子回答說：「可以。」闔閭說：「能否用婦女來試一試呢？」孫子說：「可以。」

就這樣吳王就答應了孫子，把宮中的美女都叫出來，有一百八十人。孫子把這些人分為二隊，任命吳王最寵愛的兩名侍妾分別擔任兩隊的隊長，又讓她們都拿起戰戟。孫子對她們下命令說：「你們知道自己的心臟、左右手和後背嗎？」眾婦女都說：「知道啊！」孫子說：「向前，就是朝着心臟所對的方向走；向左，就是朝左手方向走；向右，就是朝右手方向走；向後，就是朝後背方向走。」眾婦女都回答道：「是！」這些軍法命令宣示之後，孫子就設置了斧鉞這些代表刑罰的刑具，又三令五申相關命令。就這樣敲擊戰鼓發佈向右的命令，婦女們大笑起來，沒有人按照命令去做。

孫子說：「規則不明確，號令不熟悉，這是將領的過錯。」再次三令五申各種規定和動作要領，然後擊鼓發佈向左的命令。婦女們又一次大笑，仍然沒有人按照命令去做。孫子說：「規則不明確，號令不熟悉，這是將領的過錯。規則已經明確仍然不按照號令去做，這是軍官和士卒的過錯。」於是下令斬殺左右兩隊隊長。

吳王一直在臺上看孫子練兵，見到所寵愛的兩個侍妾即將斬首，非常震驚，趕快派使者傳達命令說：「我已經知道將軍善於用兵了。要是沒有這兩個侍妾，我吃甚麼都會覺得沒有味道，希望不要把她們殺掉。」孫子說：「我既然已經接受命令擔任將軍，將軍在指揮軍隊時，國君的命令可以不接受。」終於把兩個隊長斬首並宣示於眾。孫子又選用另外的人擔任隊長，當即又擊鼓發令，此時婦女們向左、向右、前進、後退、下跪、起立都符合規則要求，軍中一片肅然，沒有人再敢出聲。

於是，孫子派人報告吳王說：「隊伍已經訓練整齊，大王可以下來看一看。您想怎麼使用就怎麼使用，即使是赴湯蹈火，她們也能做到。」吳王說：「將軍就請解散軍隊，回去館舍休息吧，我不想下去看了。」孫子說：「大王只是喜歡我書上寫的話，並不想真正落實這些理論。」從此，吳王闔閭知道孫子善於用兵，最終任孫子為將軍。吳國向西攻破強大的楚國，攻入了楚國的都城郢都。向北威震齊國和晉國，在諸侯中名聲顯揚，這些重大事務孫子都曾參與並有很大的功勞。

參考文獻

一　〔漢〕曹操，〔唐〕杜牧等：《十一家注孫子》，影印上海圖書館藏宋刻本，《續修四庫全書》第959冊，上海：上海古籍出版社，1995年。
二　銀雀山漢墓竹簡整理小組編：《孫子兵法》，北京：文物出版社，1976年。
三　〔明〕焦玉：《火龍神器陣法》，影印北京圖書館藏清道光二十年翁心存抄本，《續修四庫全書》第959冊。
四　〔明〕李材：《經武淵源》，影印北大圖書館藏明錢士晉等刻本，《續修四庫全書》第959冊。
五　〔明〕王鳴鶴：《登壇必究》，影印北大圖書館藏清刻本，《續修四庫全書》第960—961冊。
六　〔明〕范景文：《師律》，影印山東省圖書館藏明崇禎刻本，《續修四庫全書》第962冊。
七　〔明〕茅元儀：《武備志》，影印明天啟刻本，《續修四庫全書》第963—966冊。

八 〔清〕惠麓酒民：《洴澼百金方》，影印河南省圖書館清抄本，《續修四庫全書》第967冊。
九 〔清〕年羹堯：《治平勝算全書》，影印天津圖書館藏清抄本，《續修四庫全書》第967冊。
十 〔清〕陳龍昌：《中西兵略指掌》，影印華東師範大學圖書館藏清光緒二十三年東西山草堂石印本，《續修四庫全書》第969冊。
十一 司馬遷：《史記》，北京：中華書局，1959年版。
十二 郭化若：《孫子譯注》，上海：上海古籍出版社，1984年。
十三 楊善群：《孫子評傳》，南京：南京大學出版社，1995年。
十四 龔留柱：《武學聖典——〈孫子兵法〉與中國文化》，開封：河南大學出版社，1995年。
十五 楊丙安：《十一家注孫子校理》，北京：中華書局，1999年。
十六 王宏林：《圖解孫子兵法》，香港：中華書局，2010年版。

名句索引

三畫

三軍之事，莫親於間，賞莫厚於間，事莫密於間。 一七九

上兵伐謀，其次伐交，其次伐兵，其下攻城。 〇三九

四畫

凡戰者，以正合，以奇勝。 〇六四

不戰而屈人之兵…… 〇三七

不得與我戰者，攻其所必救。 〇七七

五畫

以上智為間者，必成大功。 一八三

以迂為直，以患為利。 〇八八

以近待遠，以佚待勞，以飽待飢…… 〇九七

主不可以怒而興師，將不可以慍而致戰。 一七二

用兵之法，十則圍之，五則攻之，倍則分之，敵則能戰之，少則能逃之，不若則能避之。 〇四三

六畫

合之以文，齊之以武，是謂必取。 一二七

因而利之，導而舍之，故反間可得而用也。 一八一

七畫

兵之情主速…… 一四七

兵者，國之大事，死生之地，存亡之道，不可不察。 〇一四

兵無常勢，水無常形。 〇八四

君命有所不受。 一〇三

攻其無備，出其不意。 〇二四

八畫

始如處女，敵人開户；後如脱兔，敵不及拒。 一六三

知彼知己，百戰不殆。 〇四六

知彼知己，勝乃不殆；知天知地，勝乃不窮。 一四一

九畫

施無法之賞，懸無政之令。 一六一

軍無輜重則亡。 〇九〇

十二畫

進不求名，退不避罪。 一三八

善守者藏於九地之下，善攻者動於九天之上。 〇五〇

善攻者，敵不知其所守；
善守者，敵不知其所攻。 ○七五
善戰者，其勢險，其節短。 ○六七
散地則無戰，輕地則無止，
爭地則無攻，交地則無絕，
衢地則合交，重地則掠，
圮地則行，圍地則謀，死地則戰。 一四四
焚舟破釜，若驅群羊⋯⋯ 一五五

十三畫

勢者，因利而制權也。 ○二○